Un oso llamado Paddington

Un oso llamado Paddington

de M<small>ICHAEL</small> B<small>OND</small>

Ilustraciones de P<small>EGGY</small> F<small>ORTNUM</small>

Título original: A Bear Called Paddington
© del texto: Michael Bond, 1958

© de las ilustraciones: Peggy Fortnum y William Collins Sons & Co. Ltd,
1958,1959, 1960, 1961, 1962, 1964, 1966, 1970, 1974, 1979, 2008
Ilustraciones adaptadas y coloreadas por Mark Burgess
a partir de los originales de Peggy Fortnum
© de la traducción: Margarita García
© Editorial Noguer S. A., 2009
Avda. Diagonal, 662-664, 08034 Barcelona
Primera edición: octubre de 2009
ISBN: 978-84-279-0094-3
Impreso en China por Leo Paper

ÍNDICE

Introducción

Al principio, Paddington no era más que una idea planeando sobre ese viejo truco de escritor que es sacar punta a los lápices una y otra vez antes de ponerse a trabajar. En mi caso, limpiaba a fondo el interior de la letra «o» de mi máquina de escribir con un alfiler curvado; un entretenimiento algo absurdo que me satisfacía en esos días lejanos cuando era un escritor a tiempo parcial que trabajaba de cámara de televisión.

Dándole al alfiler, encontré la inspiración en un pequeño y peludo objeto que había en la repisa de la chimenea de un piso de una sola habitación en Notting Hill Gate, en Londres, donde vivía por aquel entonces.

El objeto, un oso que había comprado para rellenar el calcetín de los regalos de Navidad de mi mujer que colgaba de la chimenea, ya tenía nombre (un nombre muy pretencioso). Me pregunté: «¿Y si...?».

Las palabras «Los señores Brown se encontraron con Paddington en el andén de una estación de ferrocarril. Por eso le pusieron ese nombre tan raro para un oso, ya que Paddington es el nombre de la estación» aparecieron sin esfuerzo en el papel. Y así nació Paddington. Por aquel entonces, yo no tenía intención de seguir escribiendo, quizá un par de líneas más, pero una cosa llevó a la otra. Los personajes secundarios acechaban.

Así que cuando Paddington traba amistad con los Brown, que no sólo le ponen nombre sino que lo alojan en casa, en el número 32 de Windsor Gardens, me encontré con el primer párrafo de una historia. Y cuando los Brown presentan a sus dos hijos, Jonathan y Judy, y a la empleada del hogar, la señora Bird, a Paddington, la historia ya era un capítulo entero al que siguieron rápidamente otros, hasta que me encontré con un libro entre las manos.

Incluso entonces, nunca se me ocurrió que cincuenta años después esas mismas palabras introductorias aparecerían en una edición conmemorativa.

El mismo Paddington, que es un oso muy humilde, caería de espaldas sorprendido.

Lo importante del caso es que se instaló en mi vida sin pedir permiso y se apropió de mi manera de vestir: un sombrero de explorador y una trenca, que estaban de moda en aquella época. Añadirle la etiqueta alrededor del cuello con la nota: «Por favor, cuiden de este oso. Muchas gracias», le dio el toque final.

Como yo conocía bien mi barrio, Paddington también se volvió un experto. Los Brown y la señora Bird lo mandaban a la compra por las mañanas; pronto se convirtió en un habitual del mercado de Portobello y en un muy buen regateador. Su ritual matutino consistía en pasar por la panadería a comprarse bollos, y gracias a éste, conoció al señor Gruber, anticuario, que se convirtió en su mejor amigo y mentor.

Incluso una de las aventuras de Paddington sucede en la lavandería que yo frecuentaba. Nunca le conté a la encargada del local el día que se inundó. Era una mujer de aspecto imponente y seguramente no le hubiera hecho ni pizca de gracia.

Decir que Paddington es propenso a los accidentes es una manera muy suave de contar lo que ocurre cuando él está de por medio, pero los Brown no pueden quejarse de que no se les haya avisado: «Siempre me están ocurriendo cosas —confiesa Paddington al principio—. Soy esa clase de oso».

Una de las cosas más bonitas de ser autor es que nunca estás solo, los personajes que has creado viajan contigo y siempre están a tu lado cuando los necesitas, confortándote en muchos momentos de la vida.

Me siento afortunado de tener un amigo como Paddington. Es como tener viviendo contigo a un gurú. Aunque suele estar en las nubes, sus pies están bien arraigados al suelo y tiene un fuerte sentido de lo que está bien y lo que está mal. Cuando tengo un problema a menudo me pregunto cómo lo solucionaría él, y escucho su consejo.

Bueno, pues aquí tenéis el comienzo de Paddington.

Aquellos de vosotros que quizá ya hayáis leído sus últimas aventuras notaréis que, aunque el mundo que le rodea ha cambiado, él permanece igual: educadísimo, eternamente optimista y a veces desconcertado por el modo en que los humanos establecemos normas y reglas que, según él, nos complican mucho más la vida.

Éste es otro aspecto de los personajes de ficción que gozan de larga vida: nunca cambian. Es parte de su encanto; además, eso es lo que esperan sus seguidores.

Paddington permanece fiel a la mermelada que tanto lo ayudó durante su largo viaje desde el lejano Perú.

Envidio un poco su vida. Vivir con los Brown, sin preocuparse de procurarse comida. Tiene unos cuantos amigos elegidos a los que ve cuando le apetece; Paddington necesita su propio espacio. Cuando, una noche, dice que se retirará pronto a la habitación para cuadrar las cuentas a nadie le extraña. El espacio, a su edad, es un bien preciado y escaso; pero Paddington, un espíritu libre al que le gusta hacer su voluntad, siempre consigue encontrar un momento para él mismo.

En mi próxima vida —si existe la reencarnación— no me importaría ser un oso, siempre y cuando fuera Paddington, ¡por supuesto!

Michael Bond
Junio de 2008

Capítulo uno

Por favor, cuiden de este oso

LOS SEÑORES Brown se encontraron con Paddington en el andén de una estación de ferrocarril. Por eso le pusieron ese nombre tan raro para un oso, ya que Paddington es el nombre de la estación.

Los Brown habían ido allí para recibir a su hija Judy, que volvía de la escuela para pasar sus vacaciones. Era un caluroso día de verano, y la estación estaba llena de gente que iba a la playa. Los trenes silbaban, los taxis hacían sonar sus bocinas, los maleteros corrían de acá para allá gritándose unos a otros, y en conjunto había tanto ruido que el señor Brown, que fue quien lo vio primero, tuvo que decírselo a su esposa varias veces antes de que ella lo entendiera.

—¿Un oso? ¿En la estación de Paddington? —La señora Brown miró a su esposo asombrada—. No digas tonterías, Henry. No puede ser.

El señor Brown se ajustó las gafas.

—Pues hay uno —insistió—. Lo veo claramente. Detrás de todas aquellas sacas de correo. Y lleva puesto un sombrero muy gracioso.

Sin esperar respuesta, agarró a su esposa por el brazo y la arrastró a través de la muchedumbre. Rodearon una carretilla cargada de chocolate y tazas de té, pasaron de largo ante un puesto de libros y cruzaron a través de una abertura entre un montón de maletas hacia la Oficina de Objetos Perdidos.

—¡Ahí lo tienes! —exclamó con tono triunfal, señalando hacia un rincón oscuro—. Ya te lo dije.

La señora Brown siguió la dirección de su brazo y distinguió confusamente un objeto pequeño y peludo en las sombras. Parecía estar sentado sobre una maleta, y colgada del cuello tenía una etiqueta con algo escrito en ella. La maleta era vieja y estaba estropeada, y, en un lado, con letras grandes, tenía escritas las palabras INDIGENTE DE VIAJE.

La señora Brown se agarró fuertemente a su esposo.

—¡Vaya, Henry! —exclamó—. Creo que tienes razón. ¡Es un oso!

Se quedó mirándolo más de cerca. Parecía un tipo de oso muy raro. Era de color marrón, un marrón más bien descolorido, y llevaba puesto un sombrero de lo más extraño, con un ala muy ancha, como había dicho el señor Brown. Debajo del ala, dos ojos grandes y redondos la miraban fijamente.

Viendo que se esperaba algo de él, el oso se levantó y se quitó cortésmente el sombrero, dejando ver dos orejas negras.

—Buenas tardes —dijo con una vocecita clara.

—Bue... buenas tardes —respondió el señor Brown un poco dubitativo.

Hubo un momento de silencio.

El oso se quedó mirándolos interrogativamente.

—¿Puedo ayudarlos en algo?

El señor Brown pareció un poco azorado.

—Bueno... no. La... La verdad es que nos estábamos preguntando si podíamos ayudarlo a usted.

La señora Brown se inclinó.

—Es usted un osito muy pequeño —le dijo.

El osito sacó el pecho.

—Soy un osito de un tipo muy raro —contestó dándose importancia—. No quedamos ya muchos en el país de donde vengo.

—¿Y de dónde viene usted? —le preguntó la señora Brown.

El osito miró a su alrededor con precaución antes de contestar:

—De los oscuros bosques de Perú. En realidad, nadie sabe que estoy aquí. ¡Soy un polizón!

—¿Un polizón?

El señor Brown bajó el tono de su voz y miró ansiosamente por encima de su hombro. Temía ver a un policía de pie tras él, con un cuaderno de notas y un lápiz, apuntándolo todo.

—Sí —dijo el oso—. Emigré, ¿saben? —En sus ojos apareció una triste expresión—. Yo vivía con mi tía Lucy en Perú; pero ella tuvo que irse a un hogar para osos retirados.

—No dirá en serio que ha venido solo desde América del Sur —dijo la señora Brown.

El oso asintió.

—Tía Lucy siempre me decía que debía emigrar cuando fuera mayor de edad. Por eso me enseñó a hablar inglés.

—Pero ¿cómo se las arreglaba para comer? —preguntó el señor Brown—. ¡Debe de estar muerto de hambre!

Inclinándose, el oso abrió la maleta con una llavecita que llevaba colgada del cuello y sacó un tarro de cristal casi vacío.

—Comía mermelada —dijo con cierto tono de orgullo—. A los osos nos gusta la mermelada. Y vivía en un bote salvavidas.

—Pero ¿qué va a hacer usted ahora? —inquirió la señora Brown—. No puede seguir sentado en la estación de Paddington esperando a que ocurra algo.

—¡Oh! Ya me las arreglaré...; eso espero.

El oso se inclinó para cerrar su maleta de nuevo. Al hacerlo, la señora Brown se fijó en lo que había escrito en la etiqueta. Decía simplemente: POR FAVOR. CUIDEN DE ESTE OSO. MUCHAS GRACIAS.

Ella se volvió suplicante hacia su esposo.

—¡Oh, Henry! ¿Qué vamos a hacer? No lo podemos dejar aquí. ¡Quién sabe qué podría ocurrirle! Londres es una ciudad demasiado grande cuando uno no tiene adónde ir. ¿No puede venir con nosotros y quedarse en casa unos días?

El señor Brown vaciló.

—Pero, Mary, cariño, no podemos llevárnoslo... de esta manera. Al fin y al cabo...

—Al fin y al cabo, ¿qué? —En la voz de la señora Brown había una nota de firmeza. Se quedó mirando al oso—. ¡Es tan lindo! Y hará mucha compañía a Jonathan y Judy. Aunque no sea más que por una temporada. Nunca te lo perdonarán si se enteran de que lo dejaste aquí.

—Todo esto me parece muy irregular —dijo el señor Brown, dubitativo—. Estoy seguro de que hay una ley al respecto. —Se inclinó—. ¿Te gustaría venir y quedarte con nosotros? —le preguntó tuteándolo—. Es decir —añadió apresuradamente, no deseando ofender al oso—, si no tienes nada planeado.

El oso dio un salto, y el sombrero estuvo a punto de caérsele a causa de la excitación.

—¡Oooh, sí! Por favor. Me gustaría muchísimo. No tengo ningún sitio adonde ir y todo el mundo parece tener mucha prisa.

—Bueno, pues asunto arreglado —dijo la señora Brown antes de que su esposo pudiera cambiar de idea—. Y tendrás mermelada todos los días en el desayuno, y... —se esforzó en imaginar algo más que les pudiera gustar a los osos.

—¿Cada mañana? —El oso parecía como si no pudiera dar crédito a sus oídos—. En casa sólo me la ponían en ocasiones especiales. La mermelada es muy cara en los oscuros bosques de Perú.

—Entonces la tomarás cada día desde mañana mismo —prosiguió la señora Brown—. Y miel los domingos.

Un gesto de preocupación apareció en el rostro del oso.

—¿Costará mucho eso? —preguntó—. Es que, verán, apenas tengo dinero...

—Claro que no. Ni se nos ocurrirá cobrarte nada. Esperamos que seas uno más de la familia, ¿verdad, Henry? —La señora Brown miró a su esposo esperando su apoyo.

—Claro —dijo el señor Brown—. Y a propósito —añadió—, si has de venir a casa con nosotros, será mejor que conozcas nuestros nombres. Ésta es la señora Brown, y yo soy el señor Brown.

El oso se quitó el sombrero dos veces, cortésmente.

—Yo, en realidad, no tengo nombre —dijo—. Sólo uno peruano que casi nadie logra entender.

—Entonces será mejor que te demos un nombre inglés —dijo

la señora Brown—. Eso simplificará las cosas —Miró a su alrededor por la estación buscando inspiración—. Debe de ser algo especial —dijo pensativa. Y mientras hablaba, una locomotora que estaba junto a uno de los andenes soltó un fuerte silbido y una nube de vapor—. ¡Ya lo tengo! —exclamó—. Como te hemos encontrado en la estación de Paddington, te llamaremos Paddington.

—¡Paddington! —El oso lo repitió varias veces para asegurarse—. Parece un nombre muy largo.

—Es muy distinguido —dijo la señora Brown—. Sí, me gusta el nombre de Paddington. Será Paddington.

La señora Brown se levantó.

—Bien; ahora, Paddington, tengo que ir a recibir a nuestra hija Judy. Viene en tren, desde la escuela, para pasar las vacaciones. Estoy segura de que tienes sed después de tan largo viaje, así que ve a la cantina de la estación con el señor Brown y él te pagará una taza de té.

Paddington se relamió los labios.

—Tengo mucha sed —confesó—. El agua de mar lo deja a uno sediento. —Tomó su maleta, se puso el sombrero firmemente sobre la cabeza y agitó cortésmente una zarpa en dirección a la cantina—. Le sigo, señor Brown.

—Gra... gracias, Paddington —repuso el señor Brown.

—Cuida de él, Henry —dijo la señora Brown mientras se alejaba—. Y, por Dios, cuando tengas un momento, quítale esa etiqueta del cuello. Lo hace parecer un paquete. Lo van a poner en una carretilla si lo ve un maletero.

La cantina estaba llena de gente cuando entraron; pero el señor

Brown logró encontrar una mesa para dos en un rincón. De pie sobre una silla, Paddington podía apoyar sus patas cómodamente sobre el tablero de cristal. Miró a su alrededor con interés mientras el señor Brown iba a por el té. Al ver a todo el mundo comiendo, se acordó de lo hambriento que estaba. Había un bollo a medio terminar sobre la mesa, pero en el momento que alargaba su pata, llegó una camarera y, con una servilleta, lo arrojó a una bandeja.

—No comas esto, precioso —le dijo mientras le hacía una caricia amistosa—. No sabes quién lo ha mordisqueado.

Paddington se sentía tan vacío que de veras no le importaba quién lo hubiera mordisqueado; pero era demasiado cortés para decir nada.

—Bueno, Paddington —dijo el señor Brown mientras colocaba sobre la mesa dos humeantes tazas de té y un plato lleno a rebosar de pastas—, ¿qué te parece esto?

A Paddington le relucieron los ojos.

—Es usted muy amable, gracias —exclamó, mirando el té dubitativo—; pero me cuesta trabajo beber en una taza. Generalmente se me queda clavado el hocico o se me cae el sombrero dentro y le da mal sabor.

El señor Brown vaciló.

—Entonces será mejor que me des el sombrero. Te serviré el té en el platillo. No es lo que se suele hacer en los mejores círculos, pero creo que a nadie le importará esta vez.

Paddington se quitó el sombrero y lo puso cuidadosamente sobre la mesa mientras el señor Brown le servía el té. Miró con cara hambrienta las pastas, especialmente una grande con crema y compota que el señor Brown colocó en un plato frente a él.

—Aquí tienes, Paddington —le dijo—. Siento que no tengan bollos de mermelada; pero es lo mejor que he podido conseguir.

—Me alegro de haber emigrado —dijo Paddington mientras alargaba una pata y acercaba el plato—. ¿Cree que a alguien le importará que me suba a la mesa para comer?

Antes de que el señor Brown pudiera contestar, él ya se había subido y puso su pata derecha firmemente sobre el bollo. Era un bollo muy grande, el mayor y más pegajoso que el señor Brown logró encontrar, y en cosa de un instante la mayor parte del contenido se abrió camino hacia sus bigotes. La gente empezó a darse codazos y a mirar fijamente en su dirección. El señor Brown deseó

haber escogido un bollo corriente; pero no era muy experto en cuestiones de osos. Removió su té y miró por la ventana, como si hubiera tomado el té con un oso en la estación de Paddington todos los días de su vida.

—¡Henry! —El sonido de la voz de su esposa lo hizo volver a la realidad con un sobresalto—. ¿Qué le has hecho al pobre oso? ¡Míralo! Está todo manchado de crema y compota.

El señor Brown se levantó de un salto, lleno de confusión.

—Es que parecía hambriento —contestó con voz lastimera.

La señora Brown se volvió hacia su hija.

—Esto es lo que pasa cuando dejo solo a tu padre cinco minutos.

Judy dio una palmadita de excitación.

—¡Oh, papá! ¿De veras se va a quedar con nosotros?

—Si se queda —dijo la señora Brown—, otra persona que no sea tu padre tendrá que cuidar de él. ¡Mira cómo se ha puesto!

Paddington, que durante todo ese rato había estado demasiado interesado en su bollo para preocuparse de lo que estaba pasando, de repente se dio cuenta de que había personas que estaban hablando de él. Alzó la mirada y vio que la señora Brown estaba ahora acompañada por una muchacha de risueños ojos azules y largo pelo rubio. Dio un salto, intentando quitarse el sombrero, y en su apresuramiento resbaló sobre un poco de compota de fresa que, de alguna manera, había ido a parar al cristal del tablero de la mesa. Por un instante tuvo la borrosa impresión de que todo y todos se habían puesto boca abajo. Agitó sus patas alocadamente en el aire, y luego, antes de que nadie pudiera sujetarlo, cayó hacia atrás y aterrizó sobre el platillo de té en medio de una rociada de salpicaduras. Se levantó con una rapidez mucho mayor que la empleada para sentarse, porque el té estaba aún muy caliente, y acto seguido metió una pata en la taza del señor Brown.

Judy echó la cabeza hacia atrás y se rió hasta que las lágrimas corrieron por su cara.

—¡Mamá! ¡Qué gracioso es! —exclamó.

Paddington, que no encontraba aquello divertido, se quedó parado un momento con un pie sobre la mesa y el otro en la taza de té del señor Brown. Tenía pegotes de crema blanca por toda la cara, y en su oreja izquierda podía observarse un borujo de compota de fresa.

—Nadie creería —dijo la señora Brown— que uno pueda ponerse en tal estado con sólo un bollo.

El señor Brown tosió. Acababa de ver la mirada reprobadora de una camarera al otro lado del mostrador.

—Será mejor que nos vayamos —dijo—. A ver si puedo encontrar un taxi.

Tomó las pertenencias de Judy y se apresuró a salir.

Paddington bajó cautelosamente de la mesa y, con una última mirada a los pegajosos restos de su bollo, puso los pies en el suelo.

Judy lo tomó por una de sus patas.

—Vamos, Paddington. Te llevaremos a casa y podrás tomar un buen baño caliente. Luego me contarás cosas de América del Sur. Estoy segura de que habrás pasado muchas y maravillosas aventuras, ¿a que sí?

—Sí que las he pasado —respondió Paddington muy serio—. Muchas. Siempre me han estado ocurriendo cosas. Soy de esa clase de osos.

Cuando salieron de la cantina, el señor Brown ya había encontrado un taxi y les hizo señas. El conductor se quedó mirando con dureza a Paddington y luego al interior de su bonito y limpio taxi.

—Los osos pagan un suplemento de seis peniques —dijo con tono rudo—. Y los osos pegajosos, nueve peniques.

—No es culpa suya si está pegajoso —lo excusó el señor Brown—. Ha sufrido un desagradable accidente.

El taxista vaciló.

—Está bien. Entren. Pero tengan cuidado de que no manche. He limpiado el coche esta mañana.

Los Brown entraron obedientemente en la parte trasera del taxi.

Los señores Brown y Judy ocuparon el asiento posterior, mientras Paddington se colocó sobre dos patas en un asiento plegable tras el conductor, de modo que pudiera ver por la ventanilla.

El sol brillaba mientras se alejaban de la estación. Tras la lobreguez y el ruido, todo parecía brillante y alegre. Pasaron junto a un grupo reunido en una parada de autobús, y Paddington les hizo un saludo con una pata. Varias personas se lo quedaron mirando fijamente, y un hombre alzó el sombrero como respuesta. Todo era muy amistoso. Después de semanas de haber permanecido acurrucado y solo en un bote salvavidas, había muchas cosas que ver. Había gente, coches y autobuses grandes y rojos por todas partes. Aquello no se parecía en absoluto a los oscuros bosques de Perú.

Paddington mantuvo un ojo fuera de la ventanilla para no perderse nada. Con el otro examinó cuidadosamente a los señores Brown y a Judy. El señor Brown era grueso y jovial, con un gran bigote y gafas, mientras que la señora Brown, que era también un poco rolliza, parecía una versión en grande de Judy. Paddington ya estaba convencido de que le iba a gustar quedarse con los Brown, cuando se abrió la ventanilla situada detrás del conductor y una voz áspera preguntó:

—¿Adónde han dicho que querían ir?

El señor Brown se inclinó hacia adelante.

—Al número treinta y dos de Windsor Gardens.

El conductor ahuecó una mano tras la oreja.

—¡No le oigo! —gritó.

Paddington le dio un golpecito en el hombro.

—Número treinta y dos de Windsor Gardens —repitió.

El taxista pegó un salto al oír la voz de Paddington y por poco se estrelló contra un autobús. Se miró el hombro y exclamó, enfurecido:

—¡Crema! ¡En mi chaqueta nueva!

Judy contuvo una risita, y el señor y la señora Brown se miraron. El señor Brown atisbó el taxímetro. Casi esperó ver una señal indicando que tenían que pagar otros seis peniques.

—Perdone —le dijo Paddington.

Se inclinó hacia el chófer y trató de quitarle la mancha frotán-

dola con su pata. Varias migajas de bollo y un poco de compota se añadieron misteriosamente a la chaqueta del taxista. El conductor dedicó una larga y dura mirada a Paddington, y éste alzó su sombrero. El conductor cerró la ventanilla de golpe.

—¡Oh, cariño! —exclamó la señora Brown—. Tendremos que darle un baño en cuanto lleguemos a casa. Lo está manchando todo.

Paddington pareció pensativo. No porque a él no le gustaran los baños, sino porque estar cubierto de compota y crema no le importaba. Le parecía una lástima lavar todo aquello tan pronto. Pero antes de que tuviera tiempo de considerar el asunto, el taxi se detuvo y los Brown empezaron a salir del vehículo. Paddington cogió su maleta, siguió a Judy y subió unos escalones blancos hasta una gran puerta verde.

—Ahora vas a conocer a la señora Bird —dijo Judy—. Es la que nos atiende. A veces tiene algo de mal genio y refunfuña mucho; pero no está enfadada en realidad. Seguro que te caerá simpática.

Paddington sintió que sus rodillas empezaban a temblar. Miró a su alrededor en busca del señor y la señora Brown, pero, al parecer, estaban discutiendo con el taxista. Tras la puerta oyó pasos que se aproximaban.

—Estoy seguro de que me caerá simpática, si tú lo dices —contestó, mirando su imagen reflejada en el brillante y pulido buzón—. Pero ¿le caeré yo en gracia a ella?

Capítulo dos

Un oso en agua caliente

PADDINGTON NO ESTABA MUY SEGURO de lo que podía esperar cuando la señora Bird abrió la puerta. Quedó gratamente sorprendido cuando los saludó una señora corpulenta y maternal, de cabello canoso y un amable centelleo en los ojos. Cuando vio a Judy, se llevó las manos a la cabeza.

—¡Ya han llegado ustedes! —exclamó con fingido horror—. Y yo apenas he terminado de limpiar. Supongo que querrán tomar el té.

—¡Hola, señora Bird! —dijo Judy—. Me alegro de verla de nuevo. ¿Cómo sigue su reuma?

—Peor que nunca —empezó a contar la señora Bird; pero cesó de hablar y se quedó mirando fijamente a Paddington—. ¿Qué es lo que traen ustedes? —preguntó—. ¿Qué es eso?

—No es un qué —respondió Judy—. Es un oso. Se llama Paddington.

Paddington alzó su sombrero.

—¡Un oso! —exclamó la señora Bird, dubitativa—. Tiene buenos modales, debo reconocerlo.

—Se va a quedar con nosotros —anunció Judy—. Ha emigrado de América del Sur y está solo, sin ningún sitio adonde ir.

—¿Que se va a quedar con nosotros? —La señora Bird volvió a alzar los brazos—. ¿Por cuánto tiempo?

Judy miró a su alrededor con cara de misterio antes de replicar:

—No lo sé —dijo—. Depende de las cosas.

—¡Dios misericordioso! —exclamó la señora Bird—. Tenían que habérmelo dicho. No he cambiado las sábanas en la habitación de los huéspedes ni nada. —Se quedó mirando a Paddington—. Aunque, a juzgar por el estado en que se halla, quizá sea mejor.

—No se preocupe, señora Bird —dijo Paddington—. Voy a tomar un baño. Tuve un accidente con un bollo.

—¡Oh! —La señora Bird mantuvo la puerta abierta—. Bueno, en este caso será mejor que entres. Pero ten cuidado con la alfombra. Acabo de limpiarla.

Judy agarró a Paddington por una pata y le dio un apretoncito.

—A ella no le importa en realidad —le susurró—. Creo que le has gustado.

Paddington observó la figura de la señora Bird, que ya se retiraba.

—Parece tener un poco de mal genio —observó.

La señora Bird se volvió:

—¿Qué has dicho?

Paddington se sobresaltó:

—Yo... yo... —empezó a decir.

—¿De dónde has dicho que vienes? ¿De Perú?

—Así es —contestó Paddington—. De los oscuros bosques de Perú.

—¡Hum! —La señora Bird pareció meditar durante un instante—. Entonces supongo que te gustará la mermelada. Será mejor que compre alguna en la tienda de comestibles.

—Ahí lo tienes. ¿Qué te dije? —dijo Judy en cuanto la puerta se cerró tras la señora Bird—. Le has caído simpático.

—Me pregunto cómo sabía que me gusta la mermelada —reflexionó Paddington.

—La señora Bird lo sabe todo sobre todo —repuso Judy—. Ahora será mejor que subas arriba conmigo y te enseñaré tu habitación. Era la que usaba yo de pequeña y tiene muchos dibujos de osos en la pared, así que espero que te sentirás como en casa.

Luego le indicó el camino por una larga escalera, sin dejar de charlar todo el tiempo. Paddington la siguió muy de cerca, yendo cuidadosamente por un lado para no tropezar con la alfombra.

—Éste es el cuarto de baño —le explicó Judy—, y ésta, mi habitación. Ésta es la de Jonathan, mi hermano, al que pronto conocerás. Y ésta es la de mis padres. —Abrió una puerta—. ¡Y ésta será la tuya!

Paddington casi se desmayó de sorpresa cuando penetró en la habitación detrás de Judy. Nunca había visto un dormitorio tan grande. Tenía una gran cama con sábanas blancas situada contra una pared, y varias cajas grandes, una con un espejo. Judy abrió un cajón de una de las cajas.

—Esto es lo que se llama una cómoda —le explicó—. Aquí podrás meter todas tus cosas.

Paddington miró el cajón y luego su maleta.

—No tengo muchas cosas. Eso es lo malo de ser pequeño; nadie espera que uno quiera cosas.

—Entonces, ya veremos qué podemos hacer —dijo Judy misteriosamente—. Diré a mamá que te lleve con ella un día que salga de compras. —Se arrodilló al lado de él—. Deja que te ayude a sacar las cosas de la maleta.

—Eres muy amable —Paddington trató torpemente de meter la llave en la cerradura—, aunque no creo que me puedas ayudar mucho. Hay un tarro de mermelada, pero ahora ya queda poca y sabe a algas. Y mi álbum de recortes. Y algunos centavos, que son los peniques de América del Sur.

—¡Atiza! —exclamó Judy—. Nunca los había visto antes. Son muy brillantes.

—¡Oh! Es que yo los tengo siempre pulidos —contestó Paddington—. Como no los gastaba... —Sacó una fotografía muy estropeada—. Éste es un retrato de mi tía Lucy. Se lo sacaron poco antes de que se fuera al hogar de osos retirados, en Lima.

—Es muy guapa —dijo Judy—, y parece muy lista.

Viendo que Paddington ponía una mirada triste y como absorta en la lejanía, añadió apresuradamente:

—Bueno, ahora tengo que dejarte, así que podrás tomar tu baño y bajar luego guapo y limpio. Encontrarás dos grifos, uno con la señal del agua caliente y el otro con la del agua fría. Hay mucho jabón y una toalla limpia. ¡Ah!, y también un cepillo para que puedas frotarte la espalda.

—Todo eso parece muy complicado —dijo Paddington—. ¿No me puedo meter en un charco o algo parecido?

Judy se echó a reír.

—No creo que la señora Bird lo aprobara. Y no olvides lavarte las orejas. Las tienes muy negras.

—Es que son negras —replicó Paddington indignado, mientras Judy cerraba la puerta.

Se subió a un taburete que estaba junto a la ventana y miró afuera. Abajo había un gran jardín muy bonito, con un pequeño estanque y varios árboles que parecían buenos para trepar. Más allá de los árboles pudo ver casas que se prolongaban en la distancia. Pensó que debía de ser maravilloso vivir siempre en una casa como aquélla. Permaneció pensando hasta que el cristal de la ventana quedó empañado por el vaho y ya no pudo ver más. Entonces trató de escribir su nombre sobre la parte velada. Le hubiera gustado que no fuera tan largo, pues pronto se salió de la parte empañada; además, era difícil de deletrear.

—Es igual. —Trepó al tocador y se quedó mirándose en el espejo—. Es un nombre muy importante. No creo que haya muchos osos en el mundo que se llamen Paddington.

¡Qué casualidad! Judy estaba diciendo exactamente lo mismo al señor Brown en aquel preciso momento. Los Brown estaban celebrando consejo de guerra en el comedor, y el señor Brown luchaba en una batalla ya perdida. En primer lugar, había sido idea de Judy el quedarse con Paddington. En esto no sólo tenía a Jonathan de su parte, sino también a su madre. Jonathan aún no conocía a Paddington, pero le encantaba la idea de tener a un oso en la familia. Sonaba importante.

—Al fin y al cabo, Henry —arguyó la señora Brown—, no vas a echarlo ahora. No estaría bien.

El señor Brown suspiró. Sabía reconocer cuándo lo habían derrotado. No era que a él no le gustara la idea de quedarse con Paddington. En secreto estaba tan ansioso como los demás. Pero como cabeza de la familia Brown, creía que tenía el deber de considerar el asunto en todos sus aspectos.

—Estoy seguro de que primero deberíamos dar cuenta a alguien —dijo.

—¡No veo por qué, papá! —exclamó Jonathan—. Además, si lo hacemos, acaso lo detengan por polizón.

La señora Brown soltó su labor de punto.

—Jonathan tiene razón, Henry. No podemos permitir que eso suceda. No es lo mismo que si hubiese hecho algo malo. Estoy segura de que no hizo daño a nadie viajando en un bote salvavidas.

—Pero está también la cuestión del dinero de bolsillo —objetó el señor Brown, debilitándose—. No sé cuánto dinero para gastos hay que dar a un oso.

—Le podemos dar un chelín y seis peniques cada semana, lo mismo que a los niños —replicó la señora Brown.

El señor Brown encendió su pipa cuidadosamente antes de contestar:

—Bueno. Primero, claro, debemos consultar con la señora Bird.

El resto de la familia emitió un grito de triunfo.

—Entonces será mejor que se lo preguntes —dijo la señora Brown cuando el clamor terminó—. Fue idea tuya.

El señor Brown tosió. Él le tenía un poco de miedo a la señora Bird y no estaba seguro de cómo tomaría aquello. Iba a sugerir que dejaran el asunto de momento cuando la puerta se abrió y entró la señora Bird con el servicio del té. Se detuvo un instante y miró a su alrededor, al mar de rostros expectantes.

—Supongo —dijo— que van a comunicarme su decisión de quedarse con Paddington.

—¿Podemos, señora Bird? —suplicó Judy—. ¡Por favor! Estoy segura de que será muy bueno.

—¡Hum! —La señora Bird depositó la bandeja sobre la mesa—. Eso está aún por ver. Las personas tienen ideas diferentes sobre lo que es bueno. Está bien. —Vaciló al llegar a la puerta—. Parece un buen oso.

—Entonces, ¿no le importa, señora Bird? —le preguntó el señor Brown.

La señora Bird se quedó un momento pensativa.

—No. No me importa en absoluto. Yo siempre he sentido debilidad por los osos. Será agradable tener uno en casa.

—Bueno. —La señora Brown seguía boquiabierta cuando la puerta se cerró—. ¡Quién lo hubiera pensado!

—Supongo que se debe a que él se quitó el sombrero —explicó Judy—. Eso le causó buena impresión. A la señora Bird le gusta la gente cortés.

La señora Brown siguió con su labor de punto.

—Supongo que alguien debería escribir a su tía Lucy para decirle que está sano y salvo. Le gustará saberlo. —Se volvió hacia Judy—. Tal vez sea buena idea que tú y Jonathan le escribáis.

—Y a propósito —dijo el señor Brown—, ahora que pienso en ello: ¿dónde está Paddington? ¿Sigue arriba, en su habitación?

Judy alzó la mirada desde el escritorio, donde estaba buscando papel de cartas.

—¡Oh! Está bien. Se está dando un baño.

—¡Un baño! —El rostro de la señora Brown mostró un poco de preocupación—. Es demasiado pequeño para tomar un baño solo.

—No exageres, Mary —refunfuñó el señor Brown, sentándose en el sillón con un periódico en la mano—. Probablemente lo está pasando en grande.

El señor Brown estuvo muy cerca de la verdad, pero no del todo, cuando dijo que Paddington probablemente lo estaba pasando en grande. Ignorando que se estaba decidiendo su sino, Paddington permanecía sentado en medio del cuarto de baño, dibujando un mapa de América del Sur en el suelo con un tubo de crema de afeitar del señor Brown.

A Paddington le gustaba la geografía. Por lo menos le gustaba su geografía, lo cual significaba ver sitios nuevos y gente nueva. Antes de dejar América del Sur para emprender el largo viaje a

Inglaterra, su tía Lucy, que era una vieja osa muy inteligente, hizo todo lo posible por enseñarle cuanto ella sabía. Le contó detalles de los sitios que vería en el camino y pasó muchas horas leyéndole cosas sobre la gente que conocería.

Había sido un viaje muy largo, la mitad de una vuelta al mundo, así que el mapa de Paddington ocupaba casi por entero el suelo del cuarto de baño, y también había empleado casi toda la crema de afeitar del señor Brown. Con la poca que le quedaba trató de escribir su nombre de nuevo. Hizo varias tentativas y al final se decidió por PADINGTUN. Parecía más importante.

Hasta que un chorrito de agua caliente le cayó en la nariz no se dio cuenta de que la bañera estaba llena y empezaba a desbordarse. Soltando un suspiro, trepó por un lado de la bañera, cerró los ojos, se tapó la nariz con una pata y saltó. El agua estaba caliente y jabonosa y era más profunda de lo que él había esperado. La verdad era que tenía que ponerse de puntillas para mantener la nariz fuera de la superficie.

Fue entonces cuando sintió una sensación desagradable. Una

cosa es meterse en una bañera y otra muy distinta salir de ella, especialmente cuando el agua te llega a la nariz y los bordes son resbaladizos y tus ojos están llenos de jabón. No podía ver ni siquiera para cerrar los grifos.

Trató de gritar diciendo «¡Socorro!»; primero con voz tranquila y luego a voz en grito: «¡SOCORRO! ¡SOCORRO!».

Esperó un momento, pero no acudió nadie. De repente se le ocurrió una idea. ¡Qué estupendo era que siguiera con el sombrero puesto! Se lo quitó y empezó a achicar el agua.

El sombrero tenía varios agujeros porque era uno muy viejo que había pertenecido a su tía; pero si debido a eso no había mucha menos agua, tampoco había más.

—Tiene gracia —dijo el señor Brown, sobresaltándose en su asiento y frotándose la frente—, juraría que me ha caído una gota de agua.

—No seas tonto, cariño. ¿Cómo te va a caer? —La señora Brown, ocupada con su labor de punto, ni siquiera se molestó en alzar la mirada.

El señor Brown refunfuñó y volvió a su periódico. Sabía que acababa de notar algo, pero no valía la pena discutir. Miró con suspicacia a los niños, pero tanto Judy como Jonathan estaban muy ocupados escribiendo la carta.

—¿Tú sabes cuánto cuesta enviar una carta a Lima? —preguntó Jonathan.

Judy iba a contestar cuando otra gota de agua cayó del techo, esta vez encima de la mesa.

—¡Dios mío! —La muchacha se puso en pie de un salto y arrastró a Jonathan tras ella. ¡Había una terrible mancha de humedad sobre sus cabezas, precisamente debajo del cuarto de baño!

—¿Adónde vais, niños? —preguntó la señora Brown al ver que se dirigían a la puerta.

—Arriba, a ver cómo sigue Paddington.

Judy empujó a Jonathan al otro lado de la puerta y cerró rápidamente tras ellos.

—¡Demonios! —exclamó Jonathan—. ¿Qué pasa?

—Es Paddington —le dijo Judy por encima del hombro—. Creo que se ha metido en un lío.

Fue corriendo por el descansillo y llamó fuertemente a la puerta del cuarto de baño.

—¿Te encuentras bien, Paddington? —gritó ella—. ¿Podemos entrar?

—¡SOCORRO! ¡SOCORRO! —gritó Paddington—. ¡Entrad, por favor! ¡Me voy a ahogar!

—¡Oh, Paddington! —Judy se inclinó sobre la bañera y ayudó a Jonathan a levantar a un Paddington chorreante y muy asustado, al que dejaron en el suelo—. ¡Oh, Paddington! ¡Gracias a Dios que estás bien!

Paddington estaba tumbado de espaldas sobre un charco de agua.

—¡De lo que me ha servido el sombrero! —exclamó jadeando—. Tía Lucy me dijo que nunca me separara de él.

—Pero ¿por qué demonios no cerraste el grifo, so tonto? —preguntó Judy.

—¡Oh! —se lamentó—. No... no se me ocurrió.

Jonathan se quedó mirando admirativamente a Paddington.

—¡Demonios! —exclamó—. ¿Cómo has armado todo este zafarrancho? Ni siquiera yo pude hacer nunca tanto.

Paddington se incorporó y miró a su alrededor. Todo el suelo del cuarto de baño estaba cubierto de espuma blanca, en especial donde el agua caliente había caído sobre el mapa de América del Sur.

—Sí, está todo un poco desordenado —reconoció—. No sé cómo lo he hecho.

—¡Desordenado! —Judy lo levantó y lo envolvió en una toalla—. Paddington, tenemos mucho trabajo por delante antes de volver abajo. Si la señora Bird viera esto, no sé lo que diría.

—Yo sí lo sé —terció Jonathan—. Me lo dice a mí a veces.

Judy empezó a secar el suelo con un trapo.

—Y ahora sécate en seguida. No vayas a pillar un resfriado.

Paddington empezó a frotarse dócilmente con la toalla.

—Debo decir —observó mirándose al espejo— que estoy mucho más limpio que antes. ¡Ni parezco yo!

A Paddington se lo veía mucho más limpio que cuando llegó a casa de los Brown. Su piel, que era realmente de color claro y no marrón oscuro, como pareció al principio, destacaba como un cepillo nuevo, excepto que era suave y sedosa. Su nariz relucía y sus orejas habían perdido todo rastro de mermelada y crema. Estaba tan limpio que cuando bajó la escalera y entró en el comedor poco después, todo el mundo simuló no reconocerlo.

—La entrada para los repartidores está al lado —dijo el señor Brown desde detrás de su periódico.

La señora Brown soltó su labor de punto y se quedó mirándolo fijamente.

—Creo que se ha equivocado de casa. Éste es el número treinta y dos, y no el treinta y cuatro.

Hasta Jonathan y Judy convinieron en que debía de haber algún error. Paddington empezó a sentirse preocupado, hasta que todos se echaron a reír y dijeron lo muy guapo que estaba tras haberse cepillado y peinado. Parecía una persona respetable.

Le hicieron sitio en un pequeño sillón junto al fuego, y la señora Bird entró con otra tetera y una bandeja con tostadas calientes untadas con mantequilla.

—Y ahora, Paddington —dijo el señor Brown cuando todos estuvieron ya acomodados—, ¿por qué no nos cuentas algo de ti y de cómo viniste a Gran Bretaña?

Paddington se retrepó en su sillón, se quitó cuidadosamente un poco de mantequilla del bigote, puso las patas delanteras tras la cabeza y alargó las puntas de las patas traseras hacia el fuego. Le gustaba tener oyentes, en especial cuando estaba cómodo y caliente y el mundo parecía un lugar tan agradable.

—Yo me crié en los oscuros bosques de Perú —empezó diciendo—. Me crió mi tía Lucy. Es la que vive en un hogar para osos jubilados, en Lima —y cerró los ojos pensativamente.

El silencio se hizo en la habitación y todo el mundo aguardó expectante. Al cabo de un rato, como no sucedía nada, empezaron a inquietarse. El señor Brown tosió fuertemente.

—No me parece una historia muy emocionante —comentó con impaciencia.

Se inclinó un poco y dio un golpecito a Paddington con su pipa.

—Bueno —concluyó—. ¡Creo que se ha dormido!

Capítulo tres

Paddington toma el metro

PADDINGTON SE SINTIÓ MUY sorprendido cuando, a la mañana siguiente, despertó y se halló en la cama. Encontró que era delicioso desperezarse y se subió la sábana con una pata por encima de la cabeza. Luego alargó los pies y halló un lugar fresco para sus dedos gordos. Una ventaja de ser un oso muy pequeño en una cama grande era que había mucho sitio.

Al cabo de unos minutos sacó la cabeza cuidadosamente y olfateó. Por debajo de la puerta entraba un olor estupendo que parecía cada vez más cerca. También se oyeron pasos que subían por la escalera. Al detenerse ante su puerta, alguien llamó con los nudillos, y la voz de la señora Bird preguntó:

—¿Estás despierto, Paddington?

—Acabo de despertarme —contestó Paddington, frotándose los ojos.

La puerta se abrió.

—Has dormido mucho —le dijo la señora Bird mientras colocaba una bandeja sobre la cama y descorría las cortinas—. Eres una persona privilegiada, pues te traen el desayuno a la cama en día laborable.

Paddington miró la bandeja con cara hambrienta. Había un cuenco medio lleno de jugo de pomelo, un plato con tocino entreverado y huevos, unas tostadas y un bote lleno de mermelada, además de una gran taza llena de té.

—¿Todo eso es para mí? —preguntó.

—Si no lo quieres, me lo vuelvo a llevar en seguida.

—¡Claro que lo quiero! —se apresuró a responder Paddington—. Es que nunca había visto un desayuno tan abundante.

—Pues mejor será que te apresures con él —la señora Bird dio
media vuelta en el umbral y volvió la mirada—, porque vas a ir de
compras esta mañana con la señora Brown y Judy. Y lo único que
puedo añadir es que, gracias a Dios, yo no voy —y diciendo esto
cerró la puerta.

—¿Qué habrá querido decir con eso? —se preguntó Paddington.

Pero el asunto no lo preocupó demasiado. Había mucho que
hacer. Era la primera vez en su vida que iba a tomar el desayuno en
la cama, y pronto descubrió que no resultaba tan fácil como

parecía. En primer lugar, tuvo dificultades con el jugo de pomelo. Cada vez que metía la cucharilla en él, salía un surtidor que le daba en el ojo, y eso era muy doloroso. Y no dejaba de preocuparse pensando que el tocino entreverado y los huevos se estaban enfriando. Luego se planteó la cuestión de la mermelada. Quería dejar sitio para la mermelada.

Al final, decidió que sería más fácil mezclarlo todo en un solo plato y sentarse sobre la bandeja para comérselo.

—¡Oh, Paddington! —exclamó Judy cuando entró en la habitación unos minutos después y lo halló subido en la bandeja—. ¿Qué estás haciendo? Date prisa. Te esperamos abajo.

Paddington alzó la mirada con una expresión de felicidad en su cara; es decir, la parte de su cara que se podía ver tras unos bigotes llenos de churretes de huevo y migajas de tostada. Trató de decir algo, pero únicamente le salió un gruñido ahogado que sonó como YAVOY, así, todo junto.

—¡Vaya! —Judy sacó su pañuelo y le limpió la cara—. Eres el oso más pegajoso que se pueda imaginar. Y si no te das prisa, no tendrás cosas bonitas. Mamá piensa comprarte un equipo completo de ropa en Barkridges; se lo he oído decir. Ahora, peinate aprisa y baja.

Mientras ella cerraba la puerta, Paddington se quedó mirando los restos de su desayuno. Se lo había comido casi todo, pero aún quedaba un buen trozo de tocino entreverado que era una pena dejar. Y decidió meterlo en su maleta por si luego sentía hambre.

Fue corriendo hacia el cuarto de baño y se lavó la cara con un poco de agua caliente. Luego se peinó los bigotes cuidadosamente,

y unos instantes después, quizá no tan limpio como la tarde anterior, se presentó abajo.

—Espero que no llevarás ese sombrero —le dijo la señora Brown mirándolo con severidad.

—¡Oh, déjale ponérselo, mamá! —rogó Judy—. Es tan... original...

—Es original, claro —contestó la señora Brown—. No recuerdo haber visto nunca otro igual. ¡Tiene una forma muy graciosa! No sé qué clase de sombrero es.

—Es un sombrero de monte —explicó Paddington con orgullo—. Y una vez me salvó la vida.

—¿Te salvó la vida? —repitió la señora Brown—. No seas tonto. ¿Cómo va a salvarte la vida un sombrero?

Paddington se disponía a contarle su aventura en el cuarto de baño, pero Judy le dio un codazo. La niña le hizo un gesto de negación con la cabeza.

—Bueno… es una historia muy larga de contar —se excusó torpemente.

—Pues mejor será que nos la cuentes en otro momento —contestó la señora Brown—. Ahora, vámonos.

Paddington cogió su maleta y siguió a la señora Brown y a Judy hacia la puerta de la calle. La señora Brown se detuvo junto a la puerta y olfateó.

—¡Qué raro! —observó—. Esta mañana parece oler a tocino frito por todas partes. ¿No lo hueles tú, Paddington?

Paddington tuvo un sobresalto. Sintiéndose culpable, puso la maleta tras él y olfateó. Tenía varias expresiones que guardaba para casos de emergencia. Una era la expresión pensativa, que consistía en mirar hacia el espacio y descansar la barbilla sobre una pata. Otra expresión la lograba poniendo una cara tan inocente como inexpresiva. Decidió emplear esta última.

—Es un olor muy fuerte —admitió con sinceridad, porque era un oso sincero. Y luego añadió, ya no tan sinceramente—: Me pregunto de dónde vendrá.

—Si yo estuviera en tu lugar —susurró Judy, mientras iban por la calle camino de la estación del metro—, pondría más cuidado al hacer la maleta.

Paddington bajó la mirada. Un gran pedazo de tocino entreverado salía de la maleta e iba arrastrándose por la acera.

—¡Vete! —gritó la señora Brown a un sucio perro que se acercaba cruzando a saltos la calle.

Paddington esgrimió su maleta.

—¡Vete, perro! —le dijo con severidad.

El perro se relamió el hocico, y Paddington miró con ansiedad por encima del hombro mientras se apresuraba, manteniéndose muy cerca de la señora Brown y de Judy.

—¡Oh, cariño! —exclamó la señora Brown—. Tengo la curiosa impresión de que hoy van a suceder cosas. ¿No has tenido nunca esas sensación, Paddington?

Paddington se quedó pensativo un momento.

—A veces —dijo vagamente mientras penetraban en la estación del metro.

Al principio, el metro desilusionó un poco a Paddington. Le gustó el ruido, el bullicio y el olor a aire caliente que lo saludó al entrar. Pero le desilusionó mucho el billete.

Examinó cuidadosamente el pedacito de cartón verde que sostenía en su pata.

—No parece que den mucho por cuatro peniques —observó.

Los zumbidos y los secos sonidos metálicos de la máquina expendedora lo hicieron sentirse defraudado. Él había esperado mucho más por cuatro peniques.

—Pero, Paddington —le explicó la señora Brown suspirando—, sólo te dan un billete para que puedas montar en el tren. No te dejarían subir sin él.

Se quedó mirándolo y pareció un poco aturdida. En secreto,

empezó a lamentarse por no haber aguardado a una hora más tardía, cuando no hubiera tanto público. También se daba el caso curioso de los perros. No uno, sino seis perros de varios tamaños y formas los habían seguido hasta la estación. La señora Brown sospechaba que todo aquello tenía algo que ver con Paddington; pero la única vez que lo miró de reojo vio una expresión tan inocente en su cara que se arrepintió de abrigar tales pensamientos.

—Supongo —le dijo a Paddington mientras se colocaban en la escalera mecánica— que podemos llevarte. Dicen que se pueden llevar perros, pero no mencionan a los osos.

Paddington no contestó. Él se sentía como en un sueño. Como era un oso muy bajito, no podía ver fácilmente por los lados; pero cuando lo consiguió, casi se le saltaron los ojos de emoción. Había mucha gente por todas partes. Nunca había visto tanta. Personas que se dirigían hacia abajo y otras más que se dirigían hacia arriba por el otro lado. Todo el mundo parecía tener mucha prisa. Al descender de la escalera mecánica se vio atrapado entre un hombre con un paraguas y una señora con una gran bolsa de la compra. Cuando logró abrirse paso, la señora Brown y Judy habían desaparecido.

Fue entonces cuando leyó el sorprendente rótulo. Guiñó varias veces para asegurarse, pero cada vez que abría los ojos leía lo mismo: SIGA LA LUZ ÁMBAR HASTA PADDINGTON.

Paddington se convenció de que el metro era la cosa más emocionante que jamás había visto. Se volvió y fue corriendo pasillo abajo, siguiendo las luces ámbar, hasta que se encontró con otra muchedumbre que hacía cola para utilizar la escalera ascendente.

—¡Oiga, oiga! —exclamó el hombre que estaba arriba al examinar el billete de Paddington—. ¿Qué es esto? ¡Usted no ha ido a ninguna parte!

—Ya lo sé —contestó Paddington sintiéndose desgraciado—. Creo que he cometido un error allí abajo.

El hombre olfateó con suspicacia y llamó a un inspector.

—Aquí hay un osito que huele a tocino entreverado. Dice que ha cometido un error ahí abajo.

El inspector se metió los pulgares en las sisas del chaleco.

—Las escaleras mecánicas son para beneficio y comodidad de los pasajeros —dijo secamente—, no para que jueguen los ositos. Especialmente en la hora de mayor afluencia.

—Sí, señor —admitió Paddington alzando su sombrero—. Pero nosotros no tenemos escaleras meca... meca...

—... nicas —dijo el inspector ayudándolo.

—... nicas —repitió Paddington— en los oscuros bosques de Perú. Yo nunca había visto una antes de ahora, así que me ha sido difícil.

—¿Los oscuros bosques de Perú? —preguntó el inspector, que pareció muy impresionado—. ¡Ah, bueno! En ese caso... —Alzó la cadena que separaba las escaleras de «arriba» y «abajo»—. Será mejor que vuelvas abajo. Pero que no te vea haciendo trucos de nuevo.

—Muchísimas gracias —dijo Paddington agradecido, mientras se agachaba para pasar bajo la cadena—. Es muy amable de su parte.

Se volvió para decir adiós, pero antes de que pudiera saludar con el sombrero se vio llevado de nuevo hacia las profundidades del metro.

A mitad de camino, mientras contemplaba interesado los carteles de brillantes colores, el hombre que estaba detrás de él lo tocó con su paraguas.

—Hay alguien que te llama —dijo.

Paddington se volvió y tuvo el tiempo justo de ver a la señora Brown y a Judy que iban hacia arriba. Le gesticularon frenéticamente, y la señora le dijo «¡Para!» varias veces.

Paddington se volvió y trató de correr escalera arriba, pero ésta iba muy de prisa, y con sus cortas patas incluso le costaba trabajo mantenerse en el mismo sitio. Agachó la cabeza y no se fijó en un hombre grueso con una cartera de mano que corría en dirección opuesta, hasta que fue demasiado tarde.

Se oyeron unas expresiones de rabia del hombre grueso mientras éste caía y se agarraba a otras personas. Luego Paddington cayó también. Bajó todo el camino dando batacazos, hasta que salió despedido al final y fue a parar contra la pared.

Cuando miró a su alrededor, todo le pareció muy confuso. Algunas personas se habían congregado en torno al hombre grueso, que estaba sentado en el suelo y se frotaba la cabeza. Lejos, a enorme distancia, pudo ver a la señora Brown y a Judy tratando de abrirse paso para bajar por la escalera ascendente. Y mientras él observaba sus esfuerzos, se fijó en otro letrero. Estaba sobre una chapa de metal, al pie de la escalera mecánica, y decía con grandes letras rojas: PARA DETENER LA ESCALERA MECÁNICA EN CASOS DE EMERGENCIA, APRIETE EL BOTÓN.

También decía en letras mucho más pequeñas: «Por uso indebido se impondrá una multa de cinco libras». Pero, en su apresuramiento, Paddington no se fijó en esto último. En todo caso, a él le parecía que aquélla era una emergencia. Balanceó su maleta en el aire y apretó el botón con toda la fuerza que pudo.

Si hubo confusión mientras la escalera mecánica estuvo en movimiento, aún hubo más cuando se detuvo. Paddington se quedó mirando con sorpresa cómo todo el mundo echaba a correr en diferentes direcciones, gritándose unos a otros. Un hombre empezó a gritar «¡Fuego!», y en alguna parte, a lo lejos, empezó a sonar una campana.

Estaba pensando en la cantidad de excitación que se puede conseguir con sólo apretar un botoncito cuando una mano pesada se apoyó sobre su hombro.

—¡Ha sido él! —gritó alguien, señalándolo con un dedo acusador—. Lo he visto con mis propios ojos.

—Le dio con su maleta —gritó otra voz—. ¡Eso no debería estar permitido!

Mientras tanto, alguien más entre el público sugirió que se llamara a la policía.

Paddington empezó a sentirse asustado. Se volvió y alzó la mirada hacia el propietario de la mano.

—¡Oh! —exclamó una voz severa—. ¡Tú otra vez! Debí suponerlo. —El inspector sacó un cuaderno de notas—. Nombre, por favor.

—¡Ejem!... Paddington —dijo Paddington.

—Te he preguntado tu nombre, no adónde quieres ir —insistió el inspector.

—Cierto —repuso Paddington—; pero es que yo me llamo así.

—¡Paddington! —exclamó el inspector con incredulidad—. No puede ser. Ése es el nombre de una estación. Nunca he oído decir que haya un oso que se llame Paddington.

—Es muy poco corriente —explicó Paddington—; pero me llamo Paddington Brown y vivo en el número treinta y dos de Windsor Gardens. Y he perdido a la señora Brown y a Judy.

—¡Oh! —El inspector escribió algo en el cuaderno de notas—. ¿Puedo ver tu billete?

—Pues... lo tenía —dijo Paddington—; pero ahora parece que no lo tengo.

El inspector empezó a escribir de nuevo: «Jugando en la escalera mecánica. Viajando sin billete. Deteniendo la escalera mecánica».

—Todas ellas faltas graves. —Alzó la mirada—. ¿Qué tienes que decir a todo esto, jovencito?

—Bueno... yo... —Paddington se incorporó, inquieto, y se quedó mirando sus patas.

—¿Has probado a mirar en tu sombrero? —le preguntó el inspector con cierta amabilidad—. La gente suele meter sus billetes ahí dentro.

Paddington dio un salto de alivio.

—Ya sabía yo que lo tenía en algún sitio —dijo agradecido mientras se lo alargaba al inspector.

El inspector se lo devolvió inmediatamente. El interior del sombrero de Paddington estaba más bien pegajoso.

—No he conocido nunca a nadie que tarde tanto en ir a un sitio —dijo mirando con dureza a Paddington—. ¿Viajas a menudo en el metro?

Paddington lo miró fijamente antes de responder:

—Ésta es la primera vez.

—Y la última, si de mí depende —dijo la señora Brown mientras se abría paso entre la muchedumbre.

—¿Es suyo este oso, señora? —preguntó el inspector—. Porque, si lo es, he de informarle que se ha metido en un buen lío. —Empezó a leer en su cuaderno de notas—. Por lo que puedo ver, ha quebrantado dos normas importantes; probablemente más. Tendré que ponerlo bajo custodia.

—¡Oh! —La señora Brown se agarró fuertemente a Judy, como solicitando apoyo—. ¿Tiene usted que hacerlo? ¡Es tan pequeño! Y es la primera vez que viene a Londres. Estoy segura de que no lo volverá a hacer.

—La ignorancia de la ley no exime de su cumplimiento —sentenció el inspector con tono ominoso—. Al menos ante un tribunal Se espera que las personas se comporten de acuerdo con las normas. Así está escrito.

—¡En un tribunal! —La señora Brown se pasó una mano por la frente, con nerviosismo.

La palabra tribunal siempre la alteraba. Tuvo visiones de Paddington esposado e interrogado y de toda clase de cosas terribles.

Judy cogió una pata de Paddington y se la apretó tranquilizado-ramente. Paddington se quedó mirando a la chica agradecido. No estaba muy seguro de lo que estaban hablando, pero no sonaba a nada bueno.

—¿Ha dicho usted que se espera que las personas se comporten de acuerdo con las normas? —preguntó Judy con firmeza.

—Así es —replicó el inspector—. Y yo tengo que cumplir con mi deber, como todo el mundo.

—Pero ¿se dice en las normas algo acerca de los osos? —preguntó Judy inocentemente.

—Bueno —el inspector se rascó la cabeza—, no se dice con esas palabras...

Se quedó mirando a Judy, luego a Paddington y finalmente a su alrededor. La escalera mecánica había empezado a funcionar de nuevo y el grupo de mirones había desaparecido.

—Todo esto es de lo más irregular. Pero...

—¡Oh, gracias! —exclamó Judy—. ¡Creo que es usted el hombre más amable que he conocido! ¿No opinas así, Paddington?

Paddington asintió vigorosamente con la cabeza, y el inspector se ruborizó.

—En adelante siempre viajaré en este metro —dijo Paddington cortésmente—. Seguro que es el más bonito de todo Londres.

El inspector abrió la boca y pareció que iba a decir algo, pero la cerró de nuevo.

—¡Vamos, niños! —exclamó la señora Brown, dándoles prisa—. Si no os apresuráis, nunca acabaremos nuestras compras.

De alguna parte de allá arriba les llegó el ruido de unos cuantos perros que ladraban. El inspector suspiró.

—No lo entiendo —se lamentó—. Ésta era una estación bien dirigida y respetable. Y ahora, ¡miren!

Contempló fijamente las figuras en retirada de la señora Brown y Judy, con Paddington tras ellas, y luego se frotó los ojos.

—¡Tiene gracia! —exclamó, más bien para sí mismo—. Debo de estar viendo visiones. ¡Juraría que de la maleta de ese oso salía un trozo de tocino entreverado!

Se encogió de hombros. Había cosas más importantes de que preocuparse. A juzgar por el ruido que llegaba de la parte superior de la escalera, allí se estaba desarrollando una pelea entre perros. Tenía que investigar.

Capítulo cuatro

De compras

EL DEPENDIENTE DE LA SECCIÓN de ropa hecha para caballeros, de los almacenes Barkridges, sostuvo el sombrero de Paddington con el pulgar y el índice, manteniéndolo lo más alejado que pudo de sí.

—Supongo que el joven... ¡ejem!, el caballero, no querrá conservar esto, señora —dijo.

—¡Oh, sí que lo quiero! —repuso Paddington con firmeza—. Siempre he tenido ese sombrero, desde pequeño.

—Pero ¿no te gustaría un bonito sombrero nuevo? —preguntó la señora Brown, y añadió apresuradamente—: Sería mejor.

Paddington lo pensó un momento.

—Sería peor. ¡Éste es mi mejor sombrero!

El vendedor se estremeció un poco y, sin mirarla, colocó la prenda lejos de sí, en el extremo más apartado del mostrador.

—¡Albert! —dijo, llamando a un joven que estaba zanganeando al fondo—. Mira a ver qué tenemos en tallas infantiles.

Albert empezó a rebuscar debajo del mostrador.

—Y ahora —dijo la señora Brown—, quisiéramos un bonito abrigo para el invierno. Yo he pensado en algo como un tres cuartos con refuerzos en los codos, para que se sienta cómodo. Y también nos gustaría un impermeable de plástico para el verano.

El vendedor se quedó mirándola altivamente. No sentía mucho cariño por los osos, y aquél no había dejado de mirarlo de un modo muy raro desde que mencionara su tronado sombrero.

—¿Ha probado la señora en el sótano de las rebajas? —empezó a decir—. Tal vez algo de los excedentes del gobierno...

—No, no he mirado —contestó la señora Brown con acaloramiento—. ¡Excedentes del gobierno! Nunca he oído hablar de tal cosa. ¿Y tú, Paddington?

—No —respondió Paddington, quien no tenía la menor idea de lo que eran los excedentes del gobierno—. ¡Nunca!

Se quedó mirando fijamente y con dureza a aquel hombre, que apartó la mirada inquieto. Paddington tenía una mirada fija muy persistente cuando se decidía a mirar de ese modo. Era una mirada fija muy poderosa. Su tía Lucy se la había enseñado, y él la guardaba para ocasiones especiales.

La señora Brown señaló un elegante tres cuartos azul con rayas rojas.

—Ése me gusta —dijo.

El dependiente tragó saliva.

—Sí, señora. No faltaba más, señora. —Hizo una seña a Paddington—. Venga por aquí, señor.

Paddington siguió al dependiente, manteniéndose a medio metro detrás de él y mirándolo con fijeza. La nuca del hombre era de un color rojo muy feo, y él se pasó el dedo por el cuello con nerviosismo. Cuando pasaron ante el mostrador de los sombreros, Albert, que vivía con un constante miedo a su superior y había estado presenciando boquiabierto los acontecimientos, le hizo a Paddington la señal del pulgar hacia arriba. Paddington le hizo un gesto con la pata. Estaba empezando a disfrutar.

Dejó que el dependiente le pusiera el abrigo, y luego se admiró en el espejo. Era el primer abrigo que tenía en su vida. En Perú hacía mucho calor, y aunque su tía Lucy lo obligaba a llevar sombrero para evitar que pillara una insolación, siempre había hecho demasiado calor para llevar cualquier clase de abrigo. Se miró, pues, en el espejo y quedó sorprendido al ver no uno, sino una larga fila de osos que se prolongaba a lo lejos hasta perderse de vista. A dondequiera que mirara sólo veía osos, y todos parecían extremadamente elegantes.

—¿No es la capucha un poco grande? —preguntó la señora Brown con ansiedad.

—Las capuchas se llevan grandes este año, señora —contestó el dependiente—. Es la última moda.

Iba a añadir que Paddington tenía una cabeza muy grande, pero cambió de idea. Uno nunca sabe cómo les pueden sentar ciertas palabras a los osos. No hay manera de saber en qué están pensando, y aquél, en particular, tenía ideas propias.

—¿Te gusta, Paddington? —le preguntó la señora Brown.

Paddington dejó de contar osos en el espejo y dio media vuelta para mirarse de espaldas.

—Creo que es el abrigo más bonito que nunca he visto —dijo, tras pensarlo un momento.

La señora Brown y el dependiente suspiraron aliviados.

—Bien —concluyó la señora Brown—. Asunto arreglado. Ahora queda la cuestión del sombrero y el impermeable de plástico.

Se dirigió hacia el mostrador correspondiente, donde Albert, que apenas podía apartar sus admirativos ojos de Paddington, había colocado un enorme montón de sombreros. Había sombreros hongo, de paja y flexibles, boinas e incluso un pequeñísimo sombrero de copa. La señora Brown se quedó mirándolos dubitativa.

—Es difícil —opinó, mirando a Paddington—. Más que nada por el problema de las orejas. Le sobresalen un poco.

—Se podrían hacer unos agujeros —sugirió Albert.

El dependiente lo dejó helado con una mirada.

—¡Hacer agujeros en un sombrero de Barkridges! —exclamó—. Nunca he oído cosa semejante.

Paddington se volvió y se quedó mirándolo.

—Yo... ¡ejem!

La voz del dependiente sonó temblorosa.

—Iré a por mis tijeras —resolvió con voz extraña.

—No creo que sea necesario —atajó la señora Brown apresuradamente—. Él no tiene que ir a trabajar a la ciudad, así que no necesita nada especialmente elegante. Creo que esta boina de lana es muy bonita. Esa que tiene la borla arriba. El verde irá bien con su abrigo nuevo, y el punto se ensanchará, de modo que podrá meter las orejas dentro cuando haga frío.

Todo el mundo se mostró de acuerdo con que Paddington estaba muy elegante, y mientras la señora Brown buscaba un impermeable de plástico, el oso se alejó para echarse otro vistazo en el espejo. Encontró que era un poco difícil levantar la boina, ya que sus orejas la mantenían firmemente sujeta. Pero tirando de la borla podía estirarla mucho, lo cual resultaba casi perfecto. Ello significaba también que podía mostrarse cortés sin sentir frío en las orejas.

El dependiente quiso envolverle el tres cuartos, pero, tras unas pocas discusiones, se convino en que, si bien era un día caluroso, lo llevaría puesto. Paddington se sentía muy orgulloso de sí mismo, y estaba ansioso por ver si las otras personas se daban cuenta de ello.

Tras dar un apretón de manos a Albert, Paddington dedicó al dependiente una última mirada larga y dura. El infortunado se desplomó sobre una silla y empezó a secarse las sienes, mientras la señora Brown iniciaba el camino de salida hacia la puerta.

Barkridges eran unos grandes almacenes que tenían su propia escalera mecánica, así como varios ascensores. La señora Brown vaciló en la elección, pero luego cogió la pata de Paddington firmemente en su mano y lo condujo hasta el ascensor. Ya había tenido bastantes escaleras mecánicas aquel día.

Mas para Paddington casi todo era nuevo, y a él le gustaba probar las cosas extrañas. Tras unos segundos, decidió que prefería montar en la escalera mecánica. Era bonita y suave. ¡En cambio, los ascensores! Para empezar, aquél estaba lleno de personas cargadas con paquetes, y todas tan distraídas que no tenían tiempo para fijarse en un osito. Una mujer incluso puso su cesta de la compra sobre su cabeza y pareció muy sorprendida cuando Paddington se la apartó. Entonces, de repente, la mitad de su cuerpo pareció caerse mientras la otra mitad se quedaba donde estaba. Apenas se había acostumbrado a esa sensación, la segunda mitad de él subió otra vez, e incluso alcanzó a la primera mitad antes de que la puerta se abriera. Eso se repitió cuatro veces durante el descenso, y Paddington se alegró cuando el ascensorista anunció que habían llegado a la planta baja. Por fin, la señora Brown lo sacó de allí.

Ella se quedó mirándolo muy de cerca.

—¡Paddington, cariño! Estás pálido. ¿Te encuentras bien?

—Me siento enfermo —contestó Paddington—. No me gustan los ascensores. ¡Ojalá no hubiera desayunado tanto!

—¡Oh, cariño! —La señora Brown miró a su alrededor buscando a Judy, que había ido de compras por su cuenta—. ¿Quieres sentarte aquí mientras voy en busca de Judy? —le preguntó.

Paddington se sentó encima de su maleta con cara fúnebre. Incluso la borla de su boina parecía fláccida.

—No sé si me pondré bien —advirtió—, pero haré lo que pueda.

—Volveré en seguida —dijo la señora Brown—. Luego tomaremos un taxi e iremos a casa para almorzar.

Paddington gimió.

—¡Pobre Paddington! —exclamó la señora Brown—. Debes de sentirte muy mal para no querer almorzar.

Al oír de nuevo la palabra «almorzar», Paddington cerró los ojos y dejó escapar un gemido más fuerte. La señora Brown se alejó de puntillas.

Paddington mantuvo los ojos cerrados varios minutos y empezó a sentirse mejor. Notó una agradable corriente de aire fresco en la cara. Abrió un ojo con cuidado para ver de dónde venía y vio que estaba sentado cerca de la entrada principal de los almacenes. Abrió el otro ojo y decidió investigar. Si permanecía al otro lado de la puerta de cristal, podría ver a la señora Brown y a Judy cuando llegaran.

Y entonces, mientras se inclinaba para coger la maleta, de repente todo se volvió negro. «¡Oh, Dios mío! —pensó Paddington—. Se han apagado todas las luces.»

Empezó a buscar el camino a tientas, con las patas alargadas hacia la puerta. Dio un empujón donde pensó que debía estar, pero no sucedió nada. Trató de moverse un poco pegado a la pared y dio otro empujón. Esta vez se movió. La puerta parecía tener un muelle muy duro y tuvo que empujar con fuerza para abrirla; pero finalmente halló un espacio suficientemente grande para que él se pudiera meter. La puerta se cerró de golpe tras él y Paddington se sintió desilusionado al ver que fuera reinaba tanta oscuridad como en los almacenes. Empezó a desear haberse quedado donde estaba. Dio media vuelta y trató de dar con la puerta, pero ésta parecía haberse esfumado.

Decidió que sería más fácil ponerse a cuatro patas y arrastrarse por el suelo. Anduvo un poco de esta manera, y entonces su cabeza chocó contra algo duro. Trató de apartar el estorbo a un lado con su pata y notó que se movía ligeramente, así que empujó de nuevo.

De repente, se oyó un ruido como de un trueno, y antes de que se diera cuenta de lo que pasaba, una montaña de cosas empezó a caer sobre él. Parecía como si el cielo entero se le estuviera desplomando encima. Todo quedó en silencio, y Paddington permaneció muy quieto durante unos minutos, con los ojos fuertemente cerrados, sin atreverse apenas a respirar. A lo lejos oía voces, y un par de veces sonó como si alguien estuviera aporreando una ventana. Abrió un ojo con precaución y se quedó sorprendido al ver que las luces se habían encendido de nuevo. Al fin... Sintiéndose avergonzado, trató de ponerse la capucha de su abrigo sobre la cabeza. ¡La capucha había desaparecido! Debió de escurrírsele y caer al suelo cuando se inclinó en la tienda para coger la maleta.

Paddington se sentó y miró a su alrededor para ver dónde estaba. Ahora se sentía mucho mejor. Para su asombro, descubrió que estaba sentado en una pequeña habitación, en medio de la cual había un montón de latas, jofainas y palanganas. Se frotó los párpados y miró fijamente con ojos muy abiertos.

Tras él había una pared con una puerta, y enfrente, una ventana. Al otro lado de ésta, un gentío que se empujaba y señalaba en su dirección. Paddington comprendió con placer que debían de estar señalándolo a él. Se levantó con dificultad, porque era difícil mantenerse erguido encima de las latas, y tiró de la borla de su boina con toda la fuerza que pudo. La multitud lo aclamó. Paddington hizo una reverencia, saludó con la pata varias veces y luego empezó a examinar los daños causados a su alrededor.

Por un momento no estuvo seguro de dónde se encontraba, pero luego se dio cuenta. ¡En vez de salir a la calle había abierto una puerta que daba a uno de los escaparates!

Paddington era un oso observador, y desde que llegó a Londres había visto muchos escaparates. Resultaban muy interesantes. Siempre tenían dentro montones de cosas que mirar. Una vez vio a un hombre amontonando botes de metal y cajas para formar una pirámide. Lo recordó diciéndose que sería un trabajo muy agradable de hacer.

Miró a su alrededor pensativo y dijo:

—¡Oh! ¡Ya estoy metido otra vez en un lío!

Si él había derribado todas aquellas cosas, como era de suponer, alguien se iba a enfadar mucho. La verdad era que mucha gente se iba a enfadar. La gente no solía soportar que le explicaran las cosas, e iba a ser difícil explicar cómo se le había caído de la cabeza la capucha de su abrigo tres cuartos.

Se inclinó y empezó a recoger objetos: en el suelo había unos estantes de cristal que se habían caído. Empezaba a hacer mucho calor en el escaparate, así que se quitó el abrigo y lo colgó cuidadosamente de un clavo. Luego tomó un estante de cristal y trató de ponerlo en equilibrio sobre unas latas. Pareció salir bien, así que puso más latas y una palangana encima de todo aquello. El conjunto resultaba algo tambaleante, pero... retrocedió y se quedó mirándolo... Sí; quedaba bastante bien. De fuera le llegó un coro de aplausos que lo animó. Paddington saludó con una pata a la muchedumbre y cogió otro estante.

En aquel mismo momento, dentro de la tienda, la señora Brown conversaba muy seria con el detective de los almacenes.

—¿Y dice usted que lo dejó aquí, señora? —le preguntaba el detective.

—Eso es —contestó la señora Brown—. Se sentía enfermo y le dije que no se fuera. Se llama Paddington.

—Paddington. —El detective lo escribió cuidadosamente en su cuaderno de notas—. ¿Qué clase de oso es?

—¡Oh! Es dorado —dijo la señora Brown—. Llevaba un abrigo azul y una maleta.

—Y tiene las orejas negras —añadió Judy—. No puede confundirlo.

—Orejas negras —repitió el detective, humedeciendo la punta del lápiz con la lengua.

—Y aunque no espero que esto sirva de mucho —prosiguió la señora Brown—, añadiré que llevaba una boina de punto.

El detective ahuecó una mano tras la oreja.

—¿Una qué? —gritó.

De alguna parte llegaba un terrible estrépito que parecía ir en aumento. De vez en cuando se oía una salva de aplausos, y varias veces se oyó claramente al público lanzar aclamaciones.

—¡Una boina! —gritó a su vez la señora Brown—. Una boina verde, de lana, que le cae sobre las orejas. Con una borla.

El detective cerró su cuaderno de notas con un golpe seco. El ruido de fuera empeoraba decididamente.

—Perdone —la cortó con tono seco—. Está pasando algo raro que necesito investigar.

La señora Brown y Judy intercambiaron miradas. El mismo

pensamiento se les había ocurrido a las dos. Ambas exclamaron:

—¡Paddington! —y echaron a correr tras el detective.

La señora Brown se agarró a la chaqueta del hombre y Judy a la de su madre y se abrieron paso entre la muchedumbre. Justo cuando llegaban al escaparate, se oyó una estruendosa ovación.

—¡Debí de haberlo supuesto! —se lamentó la señora Brown.

—¡Paddington! —exclamó Judy.

Paddington acababa de alcanzar la cima de su pirámide. Al fin había empezado a parecer una pirámide, aunque no lo era realmente. No tenía ninguna forma particular y era muy tambaleante. Tras haber colocado el último bote en la cima, Paddington se vio en dificultades. Quería bajar, pero no podía. Alargó una pata, y la montaña empezó a oscilar. Paddington se aferró impotente a los

botes, balanceándose hacia adelante y hacia atrás, observado por un público fascinado. Y, de pronto, sin ninguna advertencia, todo se desplomó de nuevo, pero esta vez Paddington estaba encima y no debajo. Un gemido de desilusión brotó de la muchedumbre.

—Es increíble —confesó uno de los mirones a la señora Brown—. ¡Válgame Dios, qué cosas se les ocurren!

—¿Lo volverá a hacer, mamá? —preguntó un niño pequeño.

—No lo creo, cariño —contestó la madre—. Parece que ha terminado por hoy.

En el escaparate, el detective estaba retirando a un Paddington con cara compungida. La señora Brown volvió corriendo a la entrada, seguida por Judy.

Dentro de los almacenes, el detective se quedó mirando a Paddington, y luego su cuaderno de notas.

—Abrigo tres cuartos azul, boina de lana verde —le quitó la boina—, orejas negras... Tú eres Paddington.

Paddington casi se cayó de espaldas por el asombro.

—¿Cómo lo sabe usted? —preguntó.

—Soy detective —contestó el hombre—, y es mi deber averiguar estas cosas. Siempre estamos buscando delincuentes.

—Pero yo no soy un delincuente —protestó Paddington—. ¡Yo soy un oso! Además, sólo estaba arreglando el escaparate...

—¡Arreglando el escaparate! —farfulló el detective—. No sé lo que dirá el señor Perkins. Justamente lo arregló esta mañana.

Paddington miró a su alrededor intranquilo. Pudo ver a la señora Brown y a Judy que corrían hacia él. La verdad era que hacia él corrían varias personas más, incluido un hombre de aspecto distinguido, con chaqueta negra y pantalones a rayas. Todos llegaron al mismo tiempo a donde estaba el oso, y todos empezaron a hablar a la vez.

Paddington se sentó sobre su maleta y se quedó mirándolos. A veces era mejor estar callado. Al final fue el hombre de aspecto distinguido quien se salió con la suya, porque tenía la voz más potente y siguió hablando cuando los demás ya habían callado.

Con gran sorpresa por parte de Paddington, alargó una mano, lo agarró por una pata y empezó a estrechársela con tal fuerza que pensó que se la iba a arrancar.

—Encantado de conocerte, oso —lo saludó, sonriente—. Encantado de conocerte. Y felicidades.

—Está bien —dijo Paddington, dubitativo.

No sabía por qué, pero aquel hombre parecía muy complacido.

El hombre se volvió hacia la señora Brown.

—¿Dice que se llama Paddington?

—Así es —contestó la señora Brown—. Y estoy segura de que no quiso causar ningún daño.

—¿Daño? —El hombre se quedó mirando asombrado a la señora Brown—. ¿Ha dicho daño? Mi querida señora, gracias a lo que ha hecho este oso hemos tenido la mayor afluencia de público en muchos años. —Hizo un gesto hacia la entrada de los almacenes—. ¡Y siguen viniendo!

Puso una mano sobre la cabeza de Paddington.

—Barkridges —dijo—, Barkridges te está sumamente agradecido. —Hizo un gesto con la otra mano, pidiendo silencio—. Nos

gustaría demostrarte nuestro agradecimiento. ¿Hay algo... algo en estos almacenes que te guste...?

A Paddington le brillaron los ojos. Sabía lo que quería. Lo había visto al subir al departamento de confecciones. Estaba allí, solito en un mostrador, en el departamento de comestibles. El mayor que él había visto. Casi tan grande como él mismo.

—Por favor —dijo—. Me gustaría uno de esos tarros de mermelada. Uno de esos tan grandes.

Si el hombre se sintió sorprendido, no lo demostró. Se apartó respetuosamente a un lado, hasta la entrada del ascensor.

—Pues tendrás tu mermelada —decidió, apretando el botón.

—Creo que —manifestó Paddington—, si a usted no le importa, será mejor que suba por la escalera.

Capítulo cinco

Paddington y el «viejo maestro»

PADDINGTON SE ADAPTÓ MUY PRONTO y se convirtió en un
miembro de la familia. En seguida les fue difícil a todos imaginar
lo que sería la vida sin él. Se hizo útil en la casa, y los días pasaron
rápidamente. Los Brown vivían cerca de Portobello Road, donde
había un gran mercado, y muy a menudo, cuando la señora Brown
estaba ocupada, dejaba al oso que saliera e hiciera las compras por
ella. El señor Brown construyó un carrito de la compra para él,

colocando ruedas en una vieja cesta y poniéndole un asa para tirar de ella.

Paddington era un hábil comprador, y pronto llegaron a conocerlo muy bien todos los vendedores del mercado. Era muy concienzudo y se tomaba la tarea de comprar muy en serio. Palpaba la fruta para ver si tenía el grado justo de maduración, tal como la señora Brown le había enseñado, y siempre estaba a la búsqueda de rebajas. Era un oso muy popular entre los vendedores, y casi todos se apartaban de su costumbre y guardaban para él los mejores artículos del día.

—Ese oso consigue más con un chelín que nadie que yo conozca —declaró la señora Bird—. No sé cómo se las arregla, de veras. Debe de ser su vena antipática.

—Yo no soy antipático —protestó Paddington, indignado—. Sólo soy cuidadoso, eso es todo.

—Sea lo que sea —replicó la señora Bird—, vales tu peso en oro.

Paddington se tomó la observación muy en serio y pasó un largo rato pesándose en la báscula del cuarto de baño. Finalmente, decidió consultar sobre el tema a su amigo, el señor Gruber.

Ahora Paddington pasaba mucho tiempo mirando escaparates, y de todos los escaparates de Portobello Road, el del señor Gruber era el mejor. En primer lugar, era bonito y bajo, de modo que él podía verlo sin necesidad de ponerse de puntillas, y en segundo lugar, estaba lleno de cosas interesantes. Muebles viejos, medallas, botes, cacerolas y cuadros. Había tantos cachivaches que era difícil entrar en la tienda, y el anciano señor Gruber se pasaba buena parte

de su tiempo sentado en una silla en la acera. El señor Gruber, a su vez, encontraba a Paddington muy interesante, y pronto se hicieron grandes amigos. Paddington se detenía a menudo allí en su camino a casa cuando volvía de hacer compras, y pasaban muchas horas hablando de América del Sur, donde el señor Gruber estuvo de muchacho. El señor Gruber solía tomar un bollo y una taza de chocolate por la mañana, en lo que él llamaba su «hora once», y se había acostumbrado a invitar a Paddington.

—No hay nada como una buena charla ante un bollo y una taza de chocolate —solía decir, y Paddington, a quien le gustaban las tres cosas, estaba de acuerdo con él, aunque el chocolate hacía que sus bigotes adquirieran un color muy divertido.

A Paddington le habían interesado siempre las cosas brillantes, y una mañana consultó al señor Gruber sobre el tema de sus centavos peruanos. En lo más profundo de su pensamiento tenía la idea de que, si valieran mucho dinero, quizá pudiera venderlos y comprar un regalo para los Brown. El chelín y los seis peniques que el señor Brown le daba cada semana para sus gastos estaban bien, pero después de comprar unos bollos en la mañana del sábado, al oso ya no le quedaba mucho. Después de largas consideraciones, el señor Gruber aconsejó a Paddington que guardara las monedas.

—No son siempre las cosas más brillantes las que valen más dinero, señor Brown —le dijo.

El señor Gruber siempre llamaba «señor Brown» a Paddington, y eso hacía que el oso se sintiera muy importante.

Se llevó a Paddington a la trastienda, donde tenía su despacho, y de un cajón sacó una caja de cartón llena de monedas antiguas. Parecían más bien sucias y decepcionantes.

—¿Ve éstas, señor Brown? Se llaman soberanos. Al verlas, nadie diría lo mucho que valen. Son de oro, y se pagan setenta chelines por cada una. O sea, que resultan a más de diez libras la onza. Si encuentra alguna vez monedas como éstas, tráigamelas.

Un día, después de haberse pesado cuidadosamente en la báscula, Paddington fue corriendo a ver al señor Gruber, llevando con él una página de su cuaderno llena de cálculos misteriosos. Después de una buena comida, Paddington descubrió un domingo que pesaba casi dieciséis libras. Eso era… Consultó la hoja de papel conforme se acercaba a la tienda del señor Gruber…; eso era casi doscientas sesenta onzas, lo cual significaba que él valía ¡casi dos mil quinientas libras!

El señor Gruber escuchó atentamente todo lo que Paddington tenía que decirle, y luego cerró los ojos y meditó un momento. Era un hombre amable y no quiso desilusionar a Paddington.

—No dudo —dijo al final— que usted valga eso. Es ciertamente un osito muy valioso. Me consta. El señor y la señora Brown lo saben, y también la señora Bird. Pero ¿lo saben los demás?

Se quedó mirando a Paddington por encima de sus gafas.

—En este mundo las cosas no son siempre como parecen, señor Brown —concluyó tristemente.

Paddington lanzó un suspiro. ¡Qué gran desilusión!

—Pues me gustaría que lo fueran —dijo—. ¡Sería tan bonito!

—Quizá —contestó el señor Gruber misteriosamente—. Quizá. Pero entonces, si fuera como usted dice, no tendríamos ninguna sorpresa. ¿No es cierto?

Hizo entrar a Paddington en su tienda y, tras ofrecerle un asiento, desapareció un instante. Cuando regresó llevaba consigo una gran pintura que representaba un barco. Por lo menos, la mitad era un barco. La otra mitad parecía el retrato de una señora con un gran sombrero.

—Aquí tiene —le dijo con orgullo—. Esto es lo que quiero significar cuando digo que las cosas no son siempre lo que parecen. Me gustaría que me diera su opinión, señor Brown.

Paddington se sintió halagado, pero, a la vez, aturdido. El cuadro no le sugería nada especial, y así lo manifestó.

—¡Ah! —exclamó el señor Gruber entusiasmado—. Aún no es el momento. ¡Pero espere a que lo haya limpiado! Pagué cinco chelines por este cuadro hace muchos años, cuando no representaba más que un barco de vela. ¿Y sabe una cosa? Cuando me puse a limpiarlo el otro día, la pintura empezó a saltarse, y descubrí que debajo había otro cuadro. —Miró a su alrededor y luego bajó la voz—. No lo sabe nadie —susurró—, pero creo que el que hay debajo puede ser valioso. Puede ser lo que llaman un «viejo maestro».

Al ver que Paddington seguía aturdido, le explicó que en tiempos pasados, cuando los artistas andaban escasos de dinero y no podían comprar lienzos para seguir pintando, a veces lo hacían sobre cuadros viejos. Y en raras ocasiones pintaban sobre obras de artistas que luego se hicieron famosos y cuyos cuadros valían mucho dinero. Pero como habían pintado encima, nadie sabía que existían.

—Todo eso me parece muy complicado —murmuró Paddington, pensativo.

El señor Gruber estuvo hablando un buen rato de pintura, que
era uno de sus temas favoritos. Pero Paddington, aunque en gene-
ral se interesaba por todo lo que el señor Gruber le decía, apenas si
escuchaba. Finalmente, rechazó la oferta del señor Gruber de una
segunda taza de chocolate, bajó de la silla y se dirigió a su casa. Lev-
antaba su sombrero automáticamente cada vez que alguien le daba
los buenos días, pero sus ojos reflejaban una expresión absorta. Ni
siquiera se dio cuenta del olor de los bollos de la panadería cuando pasó ante su puerta. A Paddington se le había ocurrido una idea.

Cuando llegó a casa, subió a su habitación y se echó sobre la
cama un buen rato mirando al techo. Estuvo tanto tiempo en su
cuarto, que la señora Bird se sintió preocupada y metió su nariz por
la puerta para ver si se encontraba bien.

—Muy bien, gracias —dijo Paddington con tono distante—.
Estoy pensando.

La señora Bird cerró la puerta y corrió escalera abajo para
decírselo a los otros. Sus noticias fueron recibidas de modo de-
sigual.

—A mí no me importa que se limite a pensar —dijo la señora
Brown con una expresión preocupada en su rostro—. Los jaleos
sólo empiezan cuando piensa en algo concreto.

Pero ella estaba ocupada con sus labores caseras, y pronto se
olvidó del asunto. Ciertamente, tanto ella como la señora Bird estaban demasiado atareadas para fijarse en la pequeña figura del oso,

que con el mayor sigilo se dirigió al cobertizo del señor Brown
unos minutos más tarde. Tampoco lo vieron regresar armado con la
botella de quitapinturas del señor Brown y un gran montón de tra-
pos. Si lo hubieran visto habrían tenido un buen motivo para preocuparse. Y si la señora Brown lo hubiera visto entrar de puntillas en
el salón y cerrar la puerta cuidadosamente tras él, no habría tenido
un minuto de paz.

Por suerte, todo el mundo estaba demasiado ocupado para darse
cuenta de estas cosas. Y también por suerte, nadie entró en el salón
durante mucho rato. Paddington estaba en medio de un revoltijo.
Las cosas no habían ido de acuerdo con el plan. Estaba empezando
a desear haber escuchado con más atención las palabras del señor
Gruber sobre el tema de la limpieza de pinturas.

Para empezar, aunque había empleado casi la mitad de una
botella de disolvente del señor Brown, la pintura sólo había desa-

parecido en parches. Y en segundo lugar, lo cual era aún peor, donde desapareció la pintura no había nada debajo. Sólo lienzo blanco. Paddington retrocedió y se quedó mirando su obra. Originalmente, aquél era un cuadro que representaba un lago, con un cielo azul y varios botes de vela en el agua. Ahora parecía una tormenta en alta mar. Todos los botes habían desaparecido, el cielo era una curiosa sombra gris y la mitad del lago ya no se veía.

—¡Qué suerte haber encontrado esta caja de pinturas! —pensó mientras permanecía sosteniendo el extremo del pincel con la pata extendida en toda su longitud y guiñando un ojo para mirar el cuadro, como habría hecho un verdadero artista.

Con la paleta en su pata izquierda, estrujó un poco de pintura roja en ella y luego la desparramó con el pincel. Miró nerviosamente por encima del hombro y luego dio unos ligeros toques con ella en el lienzo.

Paddington había encontrado una caja entera de pinturas en el armario situado bajo la escalera. Las había rojas, verdes, amarillas y azules. Había tanta diversidad de colores, que era difícil decidirse por uno.

Limpió cuidadosamente el pincel en su sombrero y probó con otro color, y luego con otro. Resultaba tan interesante, que decidió probar con un poquito de cada uno, y muy pronto olvidó que se suponía que estaba pintando un cuadro.

A decir verdad, era más un dibujo que una pintura, con líneas, círculos y cruces de diferentes colores. Incluso Paddington quedó sorprendido cuando al final retrocedió para examinar el resultado.

De la pintura original no quedaba ni rastro. Con cierta tristeza, volvió a colocar los tubos de pintura en la caja y envolvió el cuadro en una bolsa de lona que colgó en la pared, exactamente como la había encontrado. De mala gana, decidió probar de nuevo más tarde. Pintar era divertido mientras duraba; pero resultaba más difícil de lo que parecía.

Aquella noche permaneció silencioso durante la cena. Se mostró tan silencioso, que la señora Brown le preguntó varias veces cómo se encontraba, hasta que finalmente Paddington pidió que le excusasen y se marchó a su cuarto.

—Espero que se encuentre bien, Henry —dijo la señora Brown después de que el osito se hubo marchado—. Apenas ha probado la cena, y eso no es propio de él. Además, me he fijado atentamente y me ha parecido observar que tenía unas manchas rojas muy raras en toda la cara.

—¡Caramba! —exclamó Jonathan—. ¡Manchas rojas! Espero que me lo haya contagiado, sea lo que sea, pues así no tendré que ir a la escuela.

—Bueno, también las tenía verdes —observó Judy—. Yo se las vi.

—¡Verdes! —hasta el señor Brown pareció preocupado—. ¿Tendrá alguna enfermedad? Si no le han desaparecido por la mañana, mandaré llamar al médico.

—Él quería ir a la exposición de artesanía —explicó la señora Brown—. Será una pena que deba guardar cama.

—¿Crees que ganarás un premio con tu cuadro, papá? —preguntó Jonathan.

—Nadie quedará más sorprendido que tu padre si gana —terció la señora Brown—. ¡Nunca ha ganado ningún premio!

—¿Qué representa, papá? —preguntó Judy—. ¿No nos lo vas a decir?

—Quiero que sea una sorpresa —dijo el señor Brown modestamente—. Necesité mucho tiempo para realizarlo. Lo he pintado de memoria.

La pintura era una de las aficiones del señor Brown, y una vez al año participaba en el concurso de pintura de la exposición de artesanía que se celebraba en Kensington, cerca de donde ellos vivían. Acudían algunas personas famosas a juzgar las pinturas, y se entregaba cierto número de premios. También había otros concursos, y el señor Brown se sentía dolido por no haber ganado nunca ninguno, mientras que la señora Brown obtuvo un premio dos veces en el concurso de tejido de alfombras.

—De todas formas —dijo, dando por cerrada la discusión—, ya es demasiado tarde. Vinieron a recoger el cuadro esta tarde, así que ya lo veremos cuando lo expongan.

El sol brillaba el día siguiente, y a la exposición acudió mucho público. A los Brown les complacía que Paddington tuviera mejor aspecto. Todas las manchas habían desaparecido completamente, y se tomó un buen desayuno para compensar la parte de cena que se había perdido el día anterior. Sólo la señora Bird tuvo sus sospechas cuando encontró las «manchas» de Paddington en la toalla del cuarto de baño, pero se guardó sus pensamientos.

Los Brown ocuparon los cinco asientos centrales de la primera

fila en el salón donde iban a reunirse los jueces. Reinaba una atmósfera de gran emoción. Para Paddington era una novedad saber que el señor Brown pintaba, y quería ver una pintura de alguien conocido.

En el estrado había varios hombres con barbas y aspecto de importantes, muy ocupados charlando entre sí y gesticulando. Parecían sostener una gran discusión acerca de una pintura en particular.

—Henry —susurró la señora Brown muy excitada—. Creo que están hablando de la tuya. Reconozco la bolsa de lona.

El señor Brown pareció aturdido.

—Cierto que parece mi bolsa, pero creo que estás equivocada

—dijo—. Esa lona está pegada a la pintura. ¿No lo ves? Como si alguien la hubiera metido cuando aún estaba húmeda. Y yo hace mucho tiempo que pinté mi cuadro.

Paddington se sentó muy quieto y miró con fijeza al frente, sin apenas moverse. Sentía una extraña sensación de vacío en el fondo de su estómago, como si algo horrible estuviera a punto de suceder. Empezó a desear no haberse lavado las manchas aquella mañana; así, al menos, habría podido quedarse en cama.

Judy le dio un codazo.

—¿Qué te pasa, Paddington? —le preguntó—. Estás muy raro. ¿Te encuentras bien?

—No estoy enfermo —contestó Paddington con débil vocecita—, pero creo que he vuelto a meterme en un lío.

—¡Oh, cariño! —le dijo Judy—. Mantén tus patas cruzadas. Será suficiente.

Paddington se irguió. Uno de los hombres que ocupaban el estrado, el que parecía más importante y tenía la barba más grande, estaba hablando. Y... Paddington empezó a sentir temblor en las rodillas... Y... allí, en el estrado, sobre un caballete, a la vista de todos, estaba ¡su «pintura»!

Quedó tan aturdido que sólo oyó fragmentos de lo que aquel hombre estaba diciendo.

—... notable empleo del color...

—... muy poco corriente...

—... gran imaginación... hace honor al artista...

Y luego, por poco se cae de su asiento debido a la sorpresa.

—¡El ganador del primer premio es el señor Henry Brown, del treinta y dos de Windsor Gardens!

Paddington no fue el único que se sintió sorprendido. El señor Brown, a quien tuvieron que ayudar a subir al estrado, miraba como si acabara de ser alcanzado por un rayo.

—Pero... pero... —farfulló—. Debe de haber algún error.

—¿Error? —dijo el hombre de la barba—. Tonterías, mi querido señor. Su nombre figura en la parte de atrás del lienzo. Usted es el señor Brown, ¿no? ¿El señor Henry Brown?

El señor Brown se quedó contemplando la pintura con mirada de incredulidad.

—Cierto que figura mi nombre en la parte de atrás —dijo—. Es mi letra...

Dejó la frase sin acabar y volvió la mirada hacia el público. Tenía sus propias ideas sobre el caso, pero era difícil atraer la mirada de Paddington, que siempre la apartaba cuando uno mostraba interés en mirarle a los ojos.

—Creo —dijo el señor Brown cuando cesaron los aplausos y él hubo aceptado el cheque de diez libras que el jurado le entregó— que, como soy orgulloso, voy a donar el premio a cierto hogar para osos jubilados que hay en América del Sur.

Un murmullo de sorpresa se elevó del público y pasó por encima de la cabeza de Paddington, aunque él se hubiera sentido muy complacido en caso de haberse enterado de la causa. Estaba mirando con fijeza la pintura, y en particular al hombre barbudo, que empezaba a mostrarse acalorado y preocupado.

—Creo —dijo Paddington, dirigiéndose a los asistentes— que podían haber sido más justos. No todos los días gana un oso un concurso de pintura.

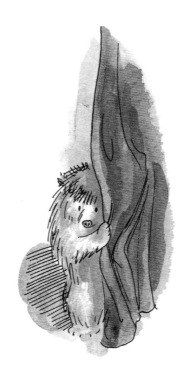

Capítulo seis

Una función de teatro

LOS BROWN ESTABAN muy emocionados. Al señor Brown le habían regalado unas entradas de palco para el teatro. Se estrenaba una nueva obra, y el papel principal iba a ser representado por el actor de fama mundial sir Sealy Bloom. Incluso Paddington se emocionó. Hizo varias visitas a su amigo, el señor Gruber, para que le explicara lo que era un teatro. El señor Gruber le dijo que tenía mucha suerte por asistir al estreno de una nueva obra.

—Asistirá mucha gente famosa —le dijo—. No creo que muchos osos hayan tenido esa oportunidad en su vida.

El señor Gruber prestó a Paddington varios libros de segunda mano sobre teatro. El osito era algo lento leyendo, pero había muchas imágenes, y en una de ellas un gran modelo recortable de escenario, que saltaba cada vez que él abría las páginas. Paddington decidió que cuando fuera mayor sería actor. Tomó la costumbre de subirse al tocador y adoptar posturas ante el espejo, como había visto en los libros.

La señora Brown tenía ideas propias sobre el asunto.

—Espero que sea una buena obra —dijo a la señora Bird—. Ya sabe lo entusiasmado que está Paddington... Él se toma estas cosas muy en serio.

—¡Oh, bueno! —contestó la señora Bird—. Yo me quedaré en

casa y escucharé la radio en paz y tranquilidad. Para él será una nueva experiencia, y le gustan mucho las experiencias. Además, se ha portado muy bien últimamente.

—Ya lo sé —convino la señora Brown—. Y eso es lo que me preocupa.

La obra en sí fue la menor de las preocupaciones de la señora Brown. Paddington se mantuvo muy callado durante todo el camino hasta el teatro. Era la primera vez que salía después de anochecer y veía las luces de Londres. La señora Brown le indicó los lugares importantes mientras pasaban en coche ante ellos. Los Brown formaban un alegre grupo cuando entraron en el teatro.

Paddington se sintió complacido al ver que todo era exactamente como el señor Gruber se lo describiera, empezando por el portero que les abrió la puerta y los saludó amablemente cuando entraron en el vestíbulo.

Paddington devolvió el saludo con un gesto de su pata y luego olfateó. Todo estaba pintado de rojo y oro, y el teatro tenía un olor agradable, cálido y amistoso. Hubo un ligero altercado en el guardarropa cuando vio que tenía que pagar seis peniques por dejar su tres cuartos y su maleta. La mujer que estaba tras el mostrador se puso bastante antipática cuando Paddington le pidió que le devolviera sus cosas.

La mujer todavía protestaba en voz alta cuando la acomodadora los condujo por un pasillo hasta sus asientos. En la entrada del palco, la acomodadora se detuvo.

—¿Quiere un programa, señor? —le preguntó a Paddington.

—Sí, por favor —contestó Paddington, cogiendo cinco—. Muchas gracias.

—¿Tomará café durante el descanso, señor? —le preguntó.

A Paddington le brillaron los ojos.

—¡Oh, sí, gracias! —dijo, pensando que era una amabilidad de la dirección del teatro.

Trató de seguir su camino, pero la acomodadora le cerró el paso.

—Serán doce chelines y seis peniques —dijo—. Seis peniques por cada programa y dos chelines por cada café.

Paddington se la quedó mirando como si no pudiera dar crédito a sus oídos.

—¿Doce chelines y seis peniques? —repitió—. *¿Doce chelines y seis peniques?*

—Así es, Paddington —dijo el señor Brown, ansioso de evitar otro jaleo—. Pagaré yo. Tú entra y siéntate.

Paddington obedeció inmediatamente, pero dedicó varias miradas muy raras a la acomodadora mientras ésta disponía varios cojines en el asiento de primera fila. De todos modos, se sintió complacido al ver que le había reservado el más cercano al escenario. Él ya había enviado una postal a su tía Lucy con el plano de la planta de un teatro, que había copiado cuidadosamente de uno de los libros del señor Gruber. Una crucecita en una esquina marcaba «MI ASIENTO».

El teatro estaba lleno, y Paddington hizo señas a los espectadores que estaban abajo. Con gran azoramiento de la señora Brown, varias personas lo señalaron con el dedo y correspondieron a su saludo.

—Querría que no fuera tan efusivo —le susurró al señor Brown.

—¿No quieres quitarte el abrigo? —le preguntó el señor Brown—. Tendrás frío cuando salgas.

Paddington se puso en pie en su silla.

—Creo que me lo quitaré —dijo—. Empiezo a sentir calor.

Judy se dispuso a ayudarle a quitarse el abrigo.

—¡Cuidado con mi bocadillo de mermelada! —gritó Paddington mientras Judy ponía el abrigo delante de él, en el antepecho del palco.

Pero era demasiado tarde. El osito miró a su alrededor con expresión de culpabilidad.

—¡Narices! —exclamó Jonathan—. ¡Ha caído sobre la cabeza de alguien! —Miró a la platea y precisó—: En la cabeza de ese hombre calvo. Parece muy enfadado.

—¡Oh, Paddington! —La señora Brown se quedó mirándolo

con gesto desesperado—. ¿Has traído un bocadillo de mermelada al teatro?

—Es igual —dijo Paddington animoso—. Tengo más en el otro bolsillo por si alguien quiere uno. Me temo que estarán un poco aplastados, eso sí, porque sin darme cuenta me senté encima de ellos en el taxi.

—Parece que hay una pelea ahí abajo —observó el señor Brown, asomando la cabeza para mirar por encima del antepecho—. Un tipo acaba de amenazarme con el puño. ¿Y qué estáis diciendo de los bocadillos de mermelada? —A veces, el señor Brown tardaba un poco en enterarse de las cosas.

—Nada, cariño —se apresuró a decir la señora Brown, decidida a cambiar de tema.

En todo caso, Paddington sostenía una lucha consigo mismo acerca de unos prismáticos. Acababa de ver un pequeño palco, frente a él, con un letrero: ALQUILER DE PRISMÁTICOS, SEIS PENIQUES. Finalmente, tras pensárselo mucho, abrió su maleta y de un compartimento secreto sacó una moneda de seis peniques.

—No creo que sirvan para mucho —opinó un momento después, mirando con ellos hacia el público—. Todo el mundo parece más pequeño.

—Es que miras al revés, tonto —le advirtió Jonathan.

—Bueno; aun así, no sirven para mucho —insistió Paddington, dándoles la vuelta—. No los habría comprado de haberlo sabido. Sin embargo —añadió—, puede que me sean útiles la próxima vez.

Precisamente, cuando empezaba a hablar terminó la obertura y se levantó el telón. La escena representaba el salón de una casa grande, y sir Sealy Bloom, en el papel de un caballero provinciano, recorría la habitación arriba y abajo. Se elevó una salva de aplausos de entre el público.

—No te los puedes llevar a casa —le susurró Judy—. Tienes que devolverlos antes de marcharte.

—¿QUÉ? —gritó Paddington con toda la potencia de su voz.

Hubo varios siseos en el oscurecido teatro, mientras sir Sealy Bloom se detenía y miraba directamente hacia el palco de los Brown.

—¿Quieres decir...? —A Paddington le fallaron las palabras con que continuar—. ¡Seis peniques! —exclamó con amargura—. ¡Pero si eso es lo que cuestan tres bollos! —Y se volvió para mirar a sir Sealy Bloom.

Sir Sealy Bloom parecía un poco irritado. No le gustaban las noches de estreno, y aquélla en particular empezaba mal. Sentía una sensación desagradable. Prefería hacer el papel de héroe, que siempre se ganaba la simpatía del público, y en aquella obra él era el villano. Como se trataba de la primera representación, no estaba muy seguro en algunos de sus párrafos. Para empeorar las cosas, cuando llegó al teatro se enteró de que el apuntador no había acudido y nadie ocupaba su lugar. Luego hubo aquel jaleo en el patio de butacas poco antes de que el telón se levantara. Había pasado algo con un bocadillo de mermelada, según dijo el director de escena. Claro que todo eso eran tonterías, pero el conjunto resultaba inquietante. Y después el barullo de aquella gente ruidosa en un palco. Suspiró. Era evidente que iba a tener una mala noche.

Pero si sir Sealy Bloom no tenía el corazón puesto en la obra, Paddington sí lo tenía. Pronto se olvidó de los seis peniques que había malgastado y dedicó toda su atención al argumento. Se convenció de que no le gustaba sir Sealy Bloom y se quedó mirándolo con dureza a través de sus gemelos de teatro. Siguió todos sus movimientos, y cuando, al final del primer acto, sir Sealy, en el papel de padre de corazón duro, echó a su hija de casa sin un penique, Paddington se puso de pie en su silla y esgrimió indignado su programa hacia el escenario.

Paddington era un oso sorprendente en muchos aspectos y tenía un acusado sentido de lo justo y de lo injusto. Cuando el telón bajó, colocó sus gemelos de teatro sobre el antepecho y bajó de su asiento.

—¿Te ha gustado, Paddington? —le preguntó el señor Brown.

—Es muy interesante —respondió Paddington.

Su voz reflejaba decisión, y la señora Brown se quedó mirándolo. Ya estaba empezando a reconocer aquel tono, y oírlo la preocupaba.

—¿Adónde vas, cariño? —le preguntó al ver que se dirigía hacia la puerta.

—¡Oh! Sólo a dar un paseo —contestó Paddington vagamente.

—Pues no tardes mucho —le aconsejó mientras la puerta se cerraba tras él—, si no, te vas a perder el segundo acto.

—Déjalo, Mary —intervino el señor Brown—. Sólo querrá estirar las piernas o ir al lavabo.

Pero en aquel momento Paddington no iba en dirección al lavabo, sino a la puerta que llevaba a la parte trasera del teatro. Exhibía un letrero que decía: PRIVADO. ENTRADA DE ARTISTAS. Al abrir la puerta y penetrar, se encontró en un mundo totalmente distinto. No había asientos de felpa roja; todo estaba muy desnudo. Del techo colgaban muchas cuerdas, contra las paredes se apoyaban piezas de decorados y todo el mundo parecía tener mucha prisa. Normalmente, Paddington se habría interesado por cuanto veía, pero ahora su mirada reflejaba decisión.

Al ver a un hombre que se inclinaba sobre unos decorados, se dirigió hacia él y le dio un golpecito en el hombro.

—Perdóneme —dijo—. ¿Puede decirme dónde está ese hombre?

El tramoyista siguió trabajando.

—¿Hombre? —preguntó—. ¿Qué hombre?

—Ese hombre —insistió Paddington pacientemente—. El hombre malo.

—¡Ah! Quiere decir sir Sealy. —El tramoyista señaló un largo pasillo—. Está en su camerino. Será mejor que no vaya a molestarlo, porque está de muy mal humor. —Alzó la mirada—. ¡Eh! —le gritó—. Usted no puede entrar aquí. ¿Quién le ha dejado?

Paddington estaba ya demasiado lejos para contestarle aunque lo hubiera oído. Ya estaba camino del pasillo, mirando en todas las puertas. Finalmente llegó a una que tenía una gran estrella y las palabras SIR SEALY BLOOM en grandes letras doradas. Paddington aspiró profundamente y llamó fuertemente con los nudillos. Al no recibir respuesta, volvió a llamar. Tampoco le contestaron, así que, con precaución, empujó la puerta con su pata.

—¡Váyase! —exclamó una voz resonante—. No quiero ver a nadie.

Paddington asomó la cabeza y atisbó. Sir Sealy estaba echado en

un largo canapé. Parecía cansado y enfadado. Abrió un ojo y se quedó mirando a Paddington.

—Hoy no firmo autógrafos —refunfuñó.

—No quiero su autógrafo —replicó Paddington fijando en él una dura mirada—. No lo querría aunque hubiera traído mi álbum de autógrafos, y no lo he traído.

Sir Sealy se incorporó.

—¿Que no quiere mi autógrafo? —dijo con voz sorprendida—. ¡Pero si todo el mundo desea mi autógrafo!

—Pues yo no —respondió Paddington—. He venido a decirle que vuelva a admitir a su hija en casa.

Se le hizo un nudo en la garganta al decir las últimas palabras. Aquel hombre parecía haber crecido, y su estatura era por lo menos el doble de la que tenía en el escenario. Además daba la impresión de que estaba a punto de estallar.

Sir Sealy arrugó la frente.

—¿Quiere que vuelva a admitir a mi hija?

—Eso es —dijo Paddington con firmeza—. Y si no lo hace, espero que ella acepte irse a vivir con los señores Brown.

Sir Sealy Bloom se pasó distraídamente una mano por el cabello y luego se pellizcó.

—Los señores Brown —repitió aturdido. Miró furiosamente a su alrededor y luego echó a correr hacia la puerta—. ¡Sarah! —llamó en voz alta—. ¡Sarah, ven en seguida! —Entró de espaldas y dio un rodeo hasta poner el canapé entre él y Paddington—. ¡Apártate, oso! —conminó en tono dramático, y luego se quedó mirando a Paddington con los ojos entornados, porque era bastante corto de vista—. Tú eres un oso, ¿no? —añadió.

—Exacto —respondió Paddington—, nacido en los oscuros bosques de Perú.

Sir Sealy se quedó mirando su boina de lana.

—Entonces, bueno —dijo con sequedad, tratando de ganar tiempo—. Ya sabrás que no se debe usar una boina verde en mi camerino. ¿No sabes que el verde trae mala suerte en el teatro? Quítatela en seguida.

—No es culpa mía —repuso Paddington—. Yo quería llevar mi sombrero...

Apenas había empezado a explicar lo de su sombrero cuando la puerta se abrió de golpe y la mujer llamada Sarah entró. Paddington la reconoció inmediatamente como la hija de sir Sealy en la obra.

—Muy bien —dijo—. He venido a rescatarla.

—¿Que ha venido a qué? —La mujer pareció muy sorprendida.

—Sarah. —Sir Sealy Bloom salió de detrás del canapé—. Sarah, protégeme contra este... ¡contra este oso loco!

—¿Qué es eso de loco? Yo no estoy loco, señor —replicó Paddington indignado.

—Pues, entonces, explíquenos amablemente qué está haciendo en mi camerino —dijo con tonante voz el actor.

Paddington suspiró. A veces la gente era muy lenta en comprender las cosas. Con paciencia, fue explicándolo todo. Cuando terminó, la mujer llamada Sarah echó la cabeza hacia atrás y empezó a reír.

—Me alegro de que lo encuentres divertido —dijo sir Sealy.

—Pero ¿no lo ves? —dijo ella—. Es un gran cumplido. Paddington cree de veras que me has echado a la calle sin un penique. Eso demuestra lo gran actor que eres.

Sir Sealy quedó pensativo un momento.

—¡Hum! —refunfuñó—. Es un error muy comprensible, ¡claro! Parece un oso muy inteligente, ahora que pienso en ello.

Paddington paseó la mirada del uno a la otra.

—Entonces, ¿han estado ustedes fingiendo todo ese tiempo? —preguntó con voz desfallecida.

La mujer se inclinó y lo tomó de una pata.

—Claro que sí. Pero ha sido muy amable por tu parte venir a salvarme. Siempre lo recordaré.

—Bueno, yo la habría rescatado si usted hubiese querido —declaró Paddington.

Sir Sealy tosió.

—¿Estás interesado en el teatro, oso? —le preguntó.

—¡Oh, sí! —contestó Paddington—. Muchísimo. Lo que no me gusta es tener que pagar seis peniques por cada cosa. Quiero ser actor cuando sea mayor.

—Sealy —dijo la mujer llamada Sarah mirando a Paddington—, se me ha ocurrido una idea. —Susurró algo en el oído de sir Sealy, y luego sir Sealy miró a Paddington.

—No es una cosa muy corriente —dijo el actor pensativo—, pero vale la pena probar. Sí, ciertamente, vale la pena probar.

El entreacto estaba ya a punto de terminar, y los Brown empezaban a sentirse inquietos.

—¡Oh, cariño! —dijo la señora Brown—. ¿Adónde habrá ido?

—Si no se da prisa —observó el señor Brown—, se va a perder el principio del segundo acto.

Precisamente entonces llamaron con los nudillos a la puerta del palco y un empleado entregó una nota al señor Brown.

—Un joven caballero oso me ha pedido que le entregue esto —anunció—. Me ha asegurado que era muy urgente.

—¡Eh!... Gracias —contestó el señor Brown, abriendo la nota.

—¿Qué dice? —preguntó la señora Brown con ansiedad—. ¿Se encuentra bien?

El señor Brown le alargó la nota para que la leyera.

—Eres tan buena adivinando como yo.

La señora Brown la leyó. Estaba escrita a lápiz y decía:

ME HAN OFRESIDO
UN TRABAJO MUY
IMPORTANTE.

PADINTON

P.D. YA OS LO CONTERÉ
MÁS TARRDE.

—¿Qué demonios significará esto? —preguntó la señora Brown—. Creo que algo muy raro le ha ocurrido a Paddington.

—No lo sé —concluyó el señor Brown, echándose hacia atrás mientras las luces se apagaban—; pero no por ello voy a perderme la obra.

—Espero que el segundo acto sea mejor que el primero —observó Jonathan—. El primero fue desastroso. Ese hombre se olvidaba de los parlamentos.

El segundo acto fue mucho mejor que el primero. Desde el momento en que sir Sealy salió al escenario, el público se sintió electrizado. Un gran cambio había producido en él. Ya no balbuceaba en los diálogos, y la gente que estuvo tosiendo durante el primer acto se incorporó en sus asientos y se mantuvo pendiente de todas sus palabras.

Cuando el telón descendió al final de la obra, con la hija de sir Sealy volviendo a sus brazos, se oyó una gran ovación. El telón subió de nuevo y toda la compañía saludó al público. Luego se levantó, mientras sir Sealy y Sarah saludaban, y los aplausos continuaron. Finalmente, sir Sealy se adelantó y levantó una mano pidiendo silencio.

—Señoras y caballeros —dijo—, muchas gracias por sus amables aplausos. Les estamos verdaderamente muy agradecidos. Pero antes de que ustedes se marchen, me gustaría presentarles al más joven y más importante miembro de nuestra compañía. Un... osito que ha venido a ayudarnos...

El resto del discurso de sir Sealy quedó ahogado por un zumbido de excitación mientras él se adelantaba hasta la boca del escenario, donde una pequeña pantalla ocultaba un agujero en las tablas que era la concha del apuntador.

Agarró a Paddington por una de sus patas y tiró de él. La cabeza del oso apareció a través del agujero. En la otra pata llevaba sujeta una copia del texto de la obra.

—Ven, Paddington —dijo sir Sealy—, ven y saluda.

—No puedo —jadeó Paddington—. Me he quedado atascado.

Y atascado estaba. Hicieron falta varios empleados, el bombero y mucha mantequilla para sacarlo de allí una vez que el público se hubo ido. Pero aún quedaban algunas personas a las que hizo una reverencia y saludó quitándose la boina en respuesta a sus aplausos, hasta que el telón bajó por última vez.

Varias noches después, si alguien hubiera entrado en la habitación de Paddington, lo habría encontrado sentado en la cama con su álbum de recortes, un par de tijeras y un bote de pegamento. Estaba ocupado pegando un retrato de sir Sealy Bloom que el gran actor le había dedicado: «A Paddington, muy agradecido». También había una foto dedicada de la mujer llamada Sarah y una de sus posesiones de la que estaba más orgulloso, un recorte de periódico con la crítica de la obra, cuyo titular decía: ¡PADDINGTON SALVA LA OBRA!

El señor Gruber le dijo que las fotografías valían probablemente mucho dinero; pero después de meditarlo y recapacitar, decidió no desprenderse de ellas. En todo caso, sir Sealy Bloom le había regalado seis peniques y unos gemelos de teatro.

Capítulo siete

Aventura en la playa

UNA MAÑANA, EL SEÑOR BROWN dio un golpecito al barómetro que había en el recibidor.

—Parece que va a hacer buen día. ¿Qué os parece si vamos de excursión a la playa?

Su plan fue saludado con entusiasmo por el resto de la familia, y en seguida hubo movimiento y bullicio en la casa.

La señora Bird empezó a cortar un enorme montón de bocadillos mientras el señor Brown preparaba el coche. Jonathan y Judy fueron en busca de sus trajes de baño, y Paddington subió a su habitación a hacer la maleta. Cualquier salida en la que participara Paddington era siempre una complicación, ya que él insistía en llevar todas sus pertenencias consigo. Con el paso del tiempo había adquirido muchas cosas. Además de la maleta, tenía ahora una elegante bolsa de fin de semana con las iniciales P. B. incrustadas en un lado y una bolsa de papel para las menudencias.

Para los meses de calor, la señora Brown le había comprado un sombrero veraniego. Era de paja y muy flexible. A Paddington le gustaba, ya que subiendo o bajando el ala le podía dar formas diferentes, y era como tener varios sombreros en uno.

—Cuando lleguemos —dijo la señora Brown—, te compraremos un cubo y una pala para que puedas hacer un castillo de arena.

—Y podrás ir al muelle —le explicó Jonathan entusiasmado—. Allí hay varias máquinas para jugar, así que será mejor que lleves muchos peniques.

—Y podremos ir a nadar —añadió Judy—. Sabes nadar, ¿verdad?

—Me temo que no muy bien —repuso Paddington—. Hasta hoy nunca he ido a la playa.

—¿Que nunca has ido a la playa? —Todo el mundo dejó lo que estaba haciendo y se quedó mirando a Paddington.

—Nunca —dijo Paddington.

Todos convinieron en que debía de ser muy bonito ir a la playa por primera vez en la vida; incluso la señora Bird empezó a hablar de la primera vez que ella estuvo en Brightsea, hacía ya muchos

años. Paddington se emocionó en extremo cuando le explicaron las cosas maravillosas que iba a ver.

El coche iba atestado cuando partieron. La señora Bird, Judy y Jonathan ocupaban la parte trasera. El señor Brown conducía, y la señora Brown y Paddington iban sentados a su lado A Paddington le gustaba ir sentado en la parte delantera, especialmente cuando la ventanilla estaba abierta, de modo que pudiera sacar la cabeza para recibir la fresca brisa. Después de un pequeño retraso, porque el sombrero de Paddington salió volando en las afueras de Londres, por fin estuvieron en la carretera.

—¿No hueles ya el mar, Paddington? —le preguntó la señora Brown al cabo de un rato.

Paddington sacó la cabeza y olfateó.

—Huelo algo —admitió.

El señor Brown sonrió al oírlo.

—Bueno —dijo—, pues sigue olfateando, porque estamos a punto de llegar.

Y, claro, al llegar a la cima de una colina, y tras doblar una curva para descender por el otro lado, vieron el mar en la distancia, brillando bajo el sol de la mañana.

Paddington abrió mucho los ojos.

—¡Mira cuántos botes hay en el barro! —exclamó, señalando con su pata en dirección a la playa.

Todo el mundo se echó a reír.

—Eso no es barro —explicó Judy—. Es arena.

Cuando hubieron explicado a Paddington todo lo referente a la arena, ya habían llegado a Brightsea y estaban recorriendo el paseo marítimo. Paddington se quedó mirando el mar con expresión dubitativa. Las olas eran mucho mayores de lo que él había imaginado. No eran tan grandes como las que él había visto en su viaje a Inglaterra, pero sí lo bastante para llenar de inquietud a un osito.

El señor Brown detuvo el coche en la explanada frente a una tienda y sacó algo de dinero.

—Quiero comprarle un equipo playero a este oso —dijo a la dependienta—. Veamos: necesita un cubo y una pala, unas gafas de sol, uno de esos flotadores con forma de neumático...

Mientras enumeraba la lista, la señora iba entregando los artículos a Paddington, quien empezó a desear tener más de dos patas. Llevaba alrededor de su cintura un flotador de goma que se le estaba escurriendo hacia las rodillas, unas gafas de sol que se mantenían en precario equilibrio sobre su nariz, su sombrero de paja en la cabeza, un cubo y una pala en una mano y su maleta en la otra.

—¿Un retrato, señor? —Paddington se volvió y vio que lo miraba un hombre muy desaliñado provisto con una cámara fotográfica—. Sólo un chelín, señor. Resultado garantizado. Se devuelve el dinero si la foto no le gusta al cliente.

Paddington consideró el asunto durante un segundo. No le gustaba el aspecto de aquel hombre, pero había estado ahorrando en las últimas semanas y ahora tenía más de tres chelines. Sería bonito tener una foto de uno mismo.

—No tardaré ni un minuto, señor —dijo el hombre mientras desaparecía tras un paño negro que había en la parte trasera de la cámara—. Mire al pajarito.

Paddington miró a su alrededor. No había ningún pájaro a la vista o, por lo menos, él no conseguía verlo. Dio la vuelta hasta ponerse detrás del hombre y le dio una palmadita. El fotógrafo, que parecía estar buscando algo, se sobresaltó y luego salió de debajo del paño.

—¿Cómo quiere que lo retrate si usted no se está quieto delante? —le preguntó con voz agraviada—. Ahora he desperdiciado una placa y... —miró altivamente a Paddington— eso le costará un chelín.

—Usted me dijo que mirara al pajarito —contestó Paddington con dureza—. Y no había ninguno.

—Supongo que echó a volar cuando le vio la cara —le respondió groseramente el hombre—. Vamos a dejar las cosas así. Y ahora, ¿dónde está mi chelín?

Paddington se quedó mirándolo aún con mayor dureza.

—Quizá se lo llevó el pájaro cuando echó a volar.

—¡Ja, ja, ja! —se carcajeó otro fotógrafo que había estado presenciando lo que pasaba—. Me asombra que te dejes engañar por un oso, Charlie. Te está bien empleado por hacer de fotógrafo sin tener licencia. Y ahora vete, antes de que llame a un policía.

Se quedó mirando mientras el otro hombre recogía sus bártulos y se iba en dirección del muelle; luego se volvió hacia Paddington.

—Esos tipos son un engorro —dijo—, siempre quitando el pan de la boca a la gente honrada. Hizo bien en no darle ningún dinero. Si me lo permite, me gustaría sacarle una bonita foto como premio.

La familia Brown intercambió miradas.

—No sé a qué se debe —dijo la señora Brown—, pero Paddington siempre parece haber caído de pie.

—Eso es porque es un oso —dijo la señora Bird enigmáticamente—. Los osos siempre caen de pie. —Les fue indicando el camino por la playa y, cuidadosamente, colocó una esterilla sobre la arena en un lugar protegido por el rompeolas—. Aquí —decidió—. Así sabremos todos adónde volver en caso de que alguien se pierda.

—La marea está baja —comentó el señor Brown— y podremos darnos un baño agradable sin correr peligro. —Se volvió hacia Paddington—. ¿Vienes? —le preguntó.

Paddington miró al mar.

—Iré en busca de un bote de goma —dijo.

—Pues date prisa —le contestó Judy— y trae tu cubo y tu pala, que vamos a hacer un castillo de arena.

—¡Atiza! —Jonathan señaló un anuncio fijado en la pared que estaba tras ellos—. Mira, hay un concurso de castillos de arena. ¡Caracoles! ¡Para el castillo más grande hay un premio de dos libras!

—¿Y si lo hacemos juntos? —preguntó Judy—. Apuesto a que entre los tres haremos el mayor que jamás se haya visto.

—No está permitido —dijo la señora Brown mientras leía el anuncio—. Aquí dice que cada cual ha de hacer el suyo.

Judy pareció desilusionada.

—Bueno; lo haremos de todos modos. Vamos, démonos un baño primero, y podemos empezar a cavar después del almuerzo.

Echó a correr por la arena seguida de cerca por Jonathan y Paddington. Al menos Jonathan la siguió, pero Paddington sólo

pudo correr unos metros antes de que su flotador se le escurriera y le hiciera caerse de cabeza en la arena.

—Paddington, dame tu maleta —le gritó la señora Brown—. No puedes bañarte con ella. Se mojará y se estropeará.

Cabizbajo, entregó sus cosas a la señora Brown para que se las guardara y luego corrió tras los niños. Pero Judy y Jonathan ya estaban muy lejos cuando él llegó junto al agua, por lo que se contentó con sentarse en la orilla durante, dejando que las olas se arremolinaran a su alrededor conforme iban rompiendo. Era una sensación placentera, y aunque sintió un poco de frío al principio, pronto entró en calor. Decidió que la playa era un lugar muy agradable para estar en él. Se impulsó con las patas hasta el sitio

donde el agua era más profunda, y luego se echó de espaldas, sostenido por su flotador, dejando que las olas lo devolvieran suavemente a la orilla.

«¡Dos libras! —pensó—. Suponiendo..., suponiendo que yo ganara esas dos libras...» Cerró los ojos. En su mente imaginó un hermoso castillo hecho de arena, como uno que él vio una vez en un libro ilustrado; un castillo con almenas, torres y un foso. Se iba volviendo cada vez más grande, y todo el mundo se detenía para congregarse alrededor de él y aclamarlo. Varias personas dijeron que nunca habían visto un castillo de arena tan grande y... se despertó con un sobresalto, como si alguien lo estuviera salpicando con agua.

—¡Vamos, Paddington! —le dijo Judy—. Si te tumbas al sol pronto te quedarás dormido. Es hora de almorzar, y luego tendremos muchas cosas que hacer.

Paddington se sintió desilusionado. Había soñado con un bonito castillo de arena. Estaba seguro de que habría ganado el primer premio. Se frotó los ojos y siguió a Judy y a Jonathan playa arriba, hasta donde la señora Bird había dispuesto los bocadillos (jamón, huevos y queso para todos, y los especiales de mermelada para Paddington), seguidos de helado y ensalada de frutas.

—Propongo —dijo el señor Brown, que deseaba echar una siestecilla después del almuerzo— que después de comer cada uno vaya en diferente dirección y construya su propio castillo de arena. Luego tendremos nuestro concurso privado, aparte del oficial. Daré dos chelines al que haga el castillo mayor.

Los tres pensaron que era una buena idea.

—Pero no vayáis muy lejos —recomendó la señora Brown mientras Jonathan, Judy y Paddington partían—. ¡Recordad que pronto subirá la marea! —Su consejo cayó en oídos sordos; estaban demasiado interesados en los castillos de arena.

Paddington, en especial, agarraba su cubo y su pala de un modo muy decidido.

La playa estaba llena de gente, y tuvo que recorrer un buen trecho antes de encontrar un sitio. Primero, excavó un foso de forma circular y dejó un puente levadizo, de modo que pudiera ir a por la arena necesaria para el castillo. Luego empezó a transportar cubos llenos de arena para construir los muros del castillo.

Era un oso muy trabajador y, aunque se esforzó duramente y pronto se le cansaron las patas, perseveró hasta tener un enorme montón de arena en medio del círculo. Luego se puso a trabajar con la pala, alisando los muros y haciendo las almenas. Eran unos

muros formidables, con agujeros como ventanas y ranuras como as-pilleras para que desde ellas dispararan los arqueros.

Cuando hubo terminado, clavó su pala en una de las torres que formaban esquina, puso su sombrero encima de ella y luego se tumbó dentro, junto a su tarro de mermelada, y cerró los ojos. Se sentía cansado, pero muy complacido consigo mismo. Con el suave rugido del mar en sus oídos, pronto se quedó dormido.

—Hemos recorrido toda la playa —dijo Jonathan— y no lo hemos visto por ningún sitio.

—Ni siquiera llevaba el salvavidas —observó la señora Brown con ansiedad—. Nada. Sólo un cubo y una pala.

Los Brown se habían reunido, muy preocupados, en torno del hombre de la caseta del servicio de salvamento.

—Hace varias horas que se fue —explicó el señor Brown—. ¡Y hace más de dos horas que subió la marea!

El hombre del servicio de salvamento pareció preocupado.

—¿Y dicen que no sabe nadar? —preguntó.

—Ni siquiera le gusta mucho darse un baño —aclaró Judy—, así que estoy segura de que no sabe nadar.

—Aquí tiene su retrato —dijo la señora Bird—. Se lo han sacado esta misma mañana. —Le entregó la foto de Paddington y luego se llevó un pañuelo a los ojos—. Sé que le ha ocurrido algo. No se habría perdido el té a menos que le hubiera pasado algo.

El hombre se quedó mirando la foto.

—Podemos enviar una descripción —dijo dubitativamente—; pero es difícil deducir su aspecto por esta foto. No se ve más que un sombrero y unas gafas oscuras.

—¿No pueden botar al agua un bote salvavidas? —preguntó Jonathan, esperanzado.

—Podríamos —contestó aquel hombre—, si supiéramos dónde buscar. Pero puede estar en cualquier parte.

—¡Oh, Dios mío! —La señora Brown también echó mano a un pañuelo—. ¡No puedo soportar pensar en ello!

—Todo acabará bien —dijo la señora Bird para confortarla—. Él tiene la cabeza bien asentada sobre los hombros.

—Bueno —concluyó el socorrista, sosteniendo un sombrero de paja que chorreaba—, quédense con esto, y mientras tanto..., ya veremos qué podemos hacer.

—Eso es, Mary —el señor Brown sujetó el brazo de su esposa—. Quizá no haya hecho más que dejarlo en la playa y lo alcanzó la marea. —Se agachó para recoger los otros objetos personales de Paddington, que parecían pequeños y solitarios tirados allí.

—Es el sombrero de Paddington, desde luego —dictaminó Judy, examinándolo—. ¡Mira, tiene su marca dentro! —Volvió el sombrero y les mostró unas letras trazadas con su propia pata y tinta negra: MI SOMBRERO. PADDINGTON.

—Propongo que vayamos separados —dijo Jonathan— y rastreemos la playa. De esta forma tendremos más posibilidades.

El señor Brown puso cara de duda.

—Está oscureciendo.

La señora Bird soltó la esterilla y dobló los brazos.

—Yo no vuelvo a casa hasta que lo hayamos encontrado —dijo—. Por nada del mundo volvería a una casa que me parecerá vacía sin Paddington.

—Nadie piensa volver sin él, señora Bird —dijo el señor Brown, que miró impotente en dirección al mar—. Pero...

—Quizá no haya sido arrastrado hacia alta mar —dijo el hombre del equipo de salvamento, tratando de animarlos—. Quizá sólo haya ido hasta el rompeolas. Parece que mucha gente se dirige hacia allí. Debe de estar ocurriendo algo interesante —y preguntó a un hombre que pasaba—: ¿Qué pasa en el rompeolas, amigo?

Sin detenerse, el hombre se volvió para mirar por encima del hombro y le gritó:

—Un tipo que acaba de cruzar el Atlántico solo en una balsa. ¡Dicen que ha pasado cientos de días sin comida ni agua!

Al oír de qué se trataba, el hombre del equipo de salvamento pareció desilusionado.

—Otro de esos trucos publicitarios —dijo—. Como cada año.

El señor Brown se quedó pensativo.

—Me pregunto... —y miró hacia el rompeolas.

—Podría ser él —insinuó la señora Bird—. Es de la clase de cosas que se le ocurren a Paddington.

—¡Tiene que serlo! —exclamó Jonathan—. ¡Tiene que serlo!

Se miraron unos a otros, y luego, tras recoger sus pertenencias, se unieron a la muchedumbre que corría en dirección al rompeolas. Les costó abrirse camino a través de la barrera giratoria, porque se había propagado la noticia de que «algo estaba sucediendo en el rompeolas» y había un gentío en la entrada. Pero después de que el señor Brown hablara con un policía, los dejaron pasar y fueron escoltados hasta el final, donde los botes atracaban normalmente.

Allí vieron una extraña escena. Paddington, al que un pescador acababa de sacar del agua, estaba sentado sobre un cubo ante algunos periodistas. Varios de ellos le estaban haciendo fotografías, mientras los demás no paraban de formularle preguntas.

—¿Ha venido usted desde América? —le preguntó uno.

Los Brown, sin saber si reír o llorar, aguardaron con atención la respuesta de Paddington.

—Bueno, no —contestó Paddington sinceramente, después de una breve vacilación—. De América, no; pero vengo de muy lejos.
—Y con una pata señaló vagamente en dirección al mar—. Me arrastró la marea, ¿sabe?

—¿Y ha permanecido sentado en el cubo todo ese tiempo? —preguntó otro hombre tomando una foto.

—Así es —replicó Paddington—, empleé mi pala como remo. Menos mal que la llevaba conmigo.

—¿Vivió usted del plancton? —inquirió otra voz.

Paddington pareció aturdido.

—No —repuso—; de mermelada.

El señor Brown se abrió paso entre el gentío. Paddington se sobresaltó y puso cara de culpable.

—Y ahora —dijo el señor Brown tomándolo de la pata—, ya está bien de preguntas. Este oso ha estado en el mar mucho tiempo y está cansado. De hecho —y miró significativamente a Paddington—, ha estado en el mar toda la tarde.

—¿Sigue siendo martes? —preguntó Paddington inocentemente—. Yo creí que ya había pasado.

—Martes —respondió el señor Brown con firmeza—. Y nos has tenido muy preocupados.

—Bueno —dijo—, apuesto a que no ha habido muchos osos que hayan navegado por el mar en un cubo.

Ya había oscurecido cuando emprendieron la vuelta a casa. El paseo marítimo estaba festoneado de luces de colores, e incluso las fuentes de los jardines cambiaban de tonalidad. Todo era muy bonito. Pero Paddington, que estaba echado en la parte trasera del coche, envuelto en una manta, pensaba en su castillo de arena.

—Apuesto a que el mío era mayor aún —manifestó Jonathan.

—Creo —se apresuró a intervenir el señor Brown— que será mejor que os dé dos chelines a cada uno para estar seguros.

—Quizá podamos volver otro día —dijo la señora Brown—. Seguro que celebran otro concurso. ¿Qué te parece, Paddington?

No llegó ninguna respuesta del asiento trasero del coche. Los castillos de arena, cruzar remando en su cubo todo el puerto y el aire del mar resultaron demasiado para Paddington: se había quedado dormido.

Capítulo ocho

El truco de la desaparición

—¡Oooh! —exclamó Paddington—. ¿De veras es para mí?

Se quedó mirando con cara hambrienta el pastel. Realmente era un pastel maravilloso. Uno de los mejores de la señora Bird. Estaba cubierto con una costra de azúcar y tenía un relleno de crema y mermelada. Encima había una sola vela y las palabras: A PADDINGTON. CON LOS MEJORES DESEOS DE TODOS. FELIZ CUMPLEAÑOS.

Fue idea de la señora Bird celebrar una fiesta de cumpleaños.

Paddington ya llevaba dos meses con ellos. Nadie, ni siquiera el propio Paddington, sabía la edad que tenía. Así que decidieron empezar de nuevo y adjudicarle un año.

Paddington pensó que era una buena idea, especialmente cuando le dijeron que los osos celebraban dos cumpleaños anuales, uno en verano y otro en invierno.

—Como la reina —observó la señora Bird—, así que debes considerarte muy importante.

Y Paddington se consideraba importante. Se fue a ver al señor Gruber y le dio la buena noticia. El señor Gruber pareció impresionado y se alegró cuando Paddington lo invitó a la fiesta.

—No es corriente que alguien me invite, señor Brown —dijo—. Ya no recuerdo cuándo asistí a la última fiesta, y me acordaré, se lo aseguro.

No dijo más, pero a la mañana siguiente una furgoneta se de-

tuvo ante la casa de los Brown y entregó un paquete misterioso de parte de todos los vendedores del mercado de Portobello.

—Eres un oso muy afortunado —comentó la señora Brown cuando abrieron el paquete y vieron su interior.

Se trataba de un hermoso carrito nuevo para la compra, montado sobre ruedas y con una campanita en un lado que Paddington podía hacer sonar para que la gente supiera que él se acercaba.

Paddington se rascó la cabeza.

—Ahora ya sé qué es lo primero que debo hacer —dijo mientras colocaba la cesta cuidadosamente junto con los otros regalos—. Tendré que escribir un montón de cartas de agradecimiento.

—Quizá será mejor que dejes eso para mañana —se apresuró a decirle la señora Brown.

Cada vez que Paddington escribía cartas, solía verter más tinta sobre sí mismo que sobre el papel; y ahora estaba tan elegante, después de haberse bañado la noche antes, que sería una pena que se manchara.

Paddington pareció desilusionado. Le gustaba escribir cartas.

—Tal vez pueda ayudar a la señora Bird en la cocina —dijo.

—Me alegra decir —informó la señora Bird mientras salía de la cocina— que acabo de terminar. Pero puedes lamer la cuchara si quieres. —Ella tenía amargos recuerdos de otras ocasiones en que Paddington había «ayudado» en la cocina—. Pero no demasiado —le advirtió—, o no te quedará sitio para esto.

Fue entonces cuando Paddington vio el pastel por primera vez. Sus ojos, generalmente grandes y redondos, se agrandaron y redondearon aún más, y la señora Bird se ruborizó de orgullo.

—Las ocasiones especiales requieren cosas especiales —le dijo, y se apresuró en dirección del comedor.

Paddington pasó el resto del día deambulando impaciente de un lado para otro de la casa mientras se hacían los preparativos para su fiesta. La señora Brown estaba muy ocupada limpiando. La señora Bird estaba atareada en la cocina. Jonathan y Judy se encargaban de los adornos. Todo el mundo tenía algo que hacer, excepto Paddington.

—Creí que éste iba a ser mi cumpleaños —refunfuñó cuando lo mandaron al salón por quinta vez después de vaciar una caja de canicas en el suelo de la cocina.

—Así son las cosas, cariño —le dijo una aturdida señora Brown—; pero tu hora llegará más tarde.

Ya estaba arrepentida de haberle dicho que los osos tenían dos cumpleaños anuales, porque Paddington estaba queriendo saber ya cuándo sería el próximo.

—Y ahora mira por la ventana a ver si viene el cartero —le

dijo, levantándolo para ponerlo sobre el antepecho de la ventana; pero Paddington no se mostró demasiado entusiasmado por la idea—. O bien —le propuso— practica alguno de tus trucos de magia, para así hacerlos mejor esta tarde.

Entre los muchos regalos recibidos por Paddington había un juego de magia, obsequio de los señores Brown. Era uno muy caro que le habían comprado en Barkridges. Tenía una mesa mágica especial, una gran caja de los misterios que hacía que las cosas desaparecieran si uno seguía las instrucciones debidamente, una varita mágica y varias barajas. Paddington lo vació todo en el suelo y se sentó en medio para leer el libro de instrucciones.

Permaneció sentado un rato, estudiando los dibujos y leyéndolo todo dos veces para asegurarse bien. De vez en cuando, distraídamente, metía una pata en el bote de mermelada, y luego, recordando que era su cumpleaños y que servirían té, alargaba la mano y dejaba el tarro sobre la mesa mágica antes de volver a sus estudios.

El primer capítulo se titulaba HECHIZOS. Enseñaba cómo manejar la varita mágica y el modo correcto de decir ABRA-CADABRA. Paddington se levantó, agarrando el libro con una pata, y agitó la varita en el aire varias veces. También probó a decir ABRA-CADABRA. Miró a su alrededor. No parecía que hubiera ocurrido nada, y ya iba a probar de nuevo cuando los ojos casi se le salieron de las órbitas. ¡El tarro de mermelada que él acababa de colocar sobre la mesa mágica unos minutos antes había desaparecido!

Buscó apresuradamente en el libro. No decía nada acerca de cómo hacer desaparecer la mermelada. Y aún peor: tampoco explicaba cómo actuar para que apareciese de nuevo. Paddington llegó a la conclusión de que debía de ser un hechizo muy poderoso para lograr que un bote entero desapareciera.

Ya iba a echar a correr para contárselo a los otros cuando lo pensó mejor. Podría ser un buen truco para hacerlo por la tarde, especialmente si lograba convencer a la señora Bird para que le diera otro tarro. Fue a la cocina y agitó su varita varias veces en dirección a la señora Bird, sólo para asegurarse.

—Ya te daré yo ABRACADABRA —le advirtió la señora Bird, empujándolo para que se fuera—. Y ten cuidado con ese palo, no te vayas a sacar un ojo.

Paddington volvió al salón y trató de decir la palabra mágica al revés. Nada ocurrió, así que empezó a leer el siguiente capítulo del libro de instrucciones, que llevaba por título EL MISTERIO DEL HUEVO DESAPARECIDO.

—Yo no hubiera creído que necesitaras ningún libro para aprender a decir eso —comentó la señora Bird a la hora del almuerzo, después de que Paddington les contó sus experiencias—. El modo como engullas la comida es asunto tuyo.

—Bueno —concluyó el señor Brown—, mientras no intentes aserrar a nadie por la mitad esta tarde, no me importa. Sólo estaba bromeando —añadió apresuradamente mientras Paddington le dirigía una mirada inquisitiva.

Sin embargo, en cuanto terminó el almuerzo, el señor Brown se dirigió al jardín y encerró sus herramientas. Con Paddington no se podían correr riesgos.

Tal como sucedió todo después, carecía de motivos para preocuparse, porque Paddington tenía muchas cosas metidas en la cabeza por una razón u otra. La familia se reunió a la hora del té, y también acudieron el señor Gruber y otras personas, como el vecino de los Brown y el señor Curry. Este último visitante no fue muy bien acogido.

—Sólo viene a merendar gratis —dijo la señora Bird—. Creo que se trata de un desaprensivo. ¡Ni siquiera ha sido invitado!

—No se ha molestado en felicitar a Paddington —se lamentó el señor Brown.

El señor Curry tenía fama de antipático y de meter las narices en los asuntos de los demás. Tenía también muy mal genio, y siempre se quejaba por las cosas más insignificantes. En el pasado había incluido a menudo a Paddington en sus censuras, y por eso los Brown no lo habían invitado a la fiesta.

Pero ni siquiera el señor Curry tuvo motivos para quejarse de la merienda. Desde el enorme pastel de cumpleaños hasta el último bocadillo de mermelada, todo el mundo opinó que era el mejor té al que había asistido. El propio Paddington estaba tan lleno que le costó trabajo reunir las fuerzas suficientes para soplar la vela. Pero al final lo logró sin meter los bigotes, y todo el mundo, incluido el señor Curry, aplaudió y le deseó un feliz cumpleaños.

—Y ahora —anunció el señor Brown cuando el ruido hubo cesado—, si quieren hacer el favor de echar hacia atrás sus asientos, creo que Paddington tiene una sorpresa para nosotros.

Mientras todo el mundo se ocupaba de reunir los asientos a un lado de la habitación, Paddington desapareció del salón y regresó con su equipo de magia. Hubo un breve retraso, pues tuvo que montar la mesa mágica y ajustar la caja de los misterios, pero pronto estuvo todo listo. Se apagaron las luces, exceptuando una lamparita, y Paddington agitó su varita mágica pidiendo silencio.

—Señoras y caballeros —empezó diciendo tras consultar su libro de instrucciones—, ¡mi próximo truco es imposible!

—Pero si aún no ha hecho ninguno —refunfuñó el señor Curry.

Sin hacer caso de la observación, Paddington volvió la página.

—Para este truco —dijo— necesito un huevo.

—¡Oh, Dios mío! —exclamó la señora Bird mientras iba corriendo a la cocina—. Ya sabía yo que ocurriría algo malo.

Paddington puso el huevo en el centro de la mesa mágica y lo cubrió con un pañuelo. Susurró abracadabra varias veces y a continuación golpeó el pañuelo con la varita.

El señor y la señora Brown se miraron apurados. Los dos estaban pensando en la alfombra.

—¡Eh! ¡Más de prisa! —exclamó Paddington, y retiró el pañuelo. Para sorpresa de todos, el huevo había desaparecido.

—Claro —dijo el señor Curry, dándoselas de sabelotodo—; lo ha quitado hábilmente con la pata. Para ser un oso, lo ha hecho muy, pero que muy bien. Y ahora, ¡que lo haga aparecer de nuevo!

Sintiéndose muy feliz, Paddington hizo una reverencia y luego palpó en el compartimento secreto, detrás de la mesa. Para su sorpresa encontró algo más grande que un huevo... un tarro de mermelada. ¡El mismo que había desaparecido aquella mañana! Y lo sacó con su pata. El aplauso por este truco fue aún mayor.

—¡Excelente! —dijo el señor Curry, golpeándose la rodilla—. ¡Hacer creer a la gente que iba a encontrar un huevo y saca un tarro de mermelada! ¡Muy bueno! ¡Muy bueno!

—Y ahora —anunció ruborizado por el éxito—, ¡el truco de la desaparición!

Cogió entonces un ramo del mejor florero de la señora Brown y puso las flores sobre la mesa del comedor. No se sentía muy satisfecho con este truco, ya que no había tenido tiempo de practicarlo, y no estaba seguro de cómo funcionaría la caja de los misterios ni de dónde había que colocar las flores para que desaparecieran.

Abrió la puerta trasera de la caja y luego asomó la cabeza por un lado de ésta.

—No tardaré ni un minuto —dijo, y entonces volvió a desaparecer de la vista.

El público siguió sentado, en silencio.

—Este truco es más bien lento —comentó el señor Curry al cabo de un rato.

—Espero que se encuentre bien —dijo la señora Brown—. Está muy callado.

—No puede haber ido muy lejos —observó el señor Curry—. Voy a llamarlo. —Se levantó, golpeó fuertemente con los nudillos en la caja y luego acercó una oreja—. Parece como si alguien llamara. Creo que es Paddington. Volveré a probar. —Sacudió la caja, y dentro resonó un golpetazo como respuesta.

—Creo que ha quedado encerrado —dijo el señor Gruber, que también golpeó con los nudillos en la caja y gritó—: ¿Se encuentra bien, señor Brown?

—¡NO! —contestó desde dentro Paddington con vocecita ahogada—. Estoy muy mal. Aquí está todo muy oscuro y no puedo leer el libro de instrucciones.

—Es un buen truco —dijo el señor Curry al cabo de un rato, después de que hubieran sacado a Paddington tras abrir la caja forzándola con un cortaplumas. Y aprovechó de paso para tomar algunos bizcochos—. El oso que desaparece. ¡Algo poco visto! Pero aún no comprendo para qué eran las flores.

Paddington se quedó mirándolo con suspicacia, pero el señor Curry estaba demasiado atareado con los bizcochos.

—Para mi siguiente truco —dijo Paddington—, necesito que alguien me preste un reloj.

—¿Estás seguro? —le preguntó la señora Brown con ansiedad—. ¿No serviría otra cosa?

Paddington consultó el libro de instrucciones.

—Aquí dice un reloj —contestó con firmeza.

El señor Brown se apresuró a bajarse la manga de la camisa sobre su muñeca izquierda. Para su desgracia, el señor Curry, que estaba de un buen humor poco corriente después de haber merendado gratis, se levantó y le ofreció el suyo. Paddington lo aceptó muy agradecido y lo colocó sobre la mesa.

—Éste es un truco muy bueno —explicó mientras metía la mano en la caja y sacaba un martillito.

Cubrió el reloj con un pañuelo y luego lo golpeó varias veces. Al señor Curry se le heló la expresión en la cara.

—Espero que sepas lo que estás haciendo y que todo salga bien, osito —le dijo.

Paddington pareció algo preocupado. Al volver la página acababa de leer las palabras ominosas: «Es necesario tener un segundo reloj para este truco». Levantó cautelosamente una punta del pañuelo. Varias ruedas dentadas y unos pedacitos de cristal rodaron por la mesa. El señor Curry rugió de ira.

—Creo que me olvidé de decir abracadabra —balbuceó Paddington.

—¡ABRACADABRA! —gritó el señor Curry fuera de sí de rabia—. ¡ABRACADABRA! —Aferró los restos de su reloj—. Hace veinte años que tengo este reloj, y ahora, ¡mírenlo!

El señor Gruber sacó un cristal de aumento y examinó el reloj.

—Tonterías —dijo, acudiendo en ayuda de Paddington—. Usted me lo compró por cinco chelines hace seis meses. Debería sentirse avergonzado de contar todas esas mentiras delante de un osito.

—¡Necedades! —farfulló el señor Curry, y se dejó caer sobre la silla de Paddington—. ¡Necedades! Yo le daré... —la voz le falló, y en su cara apareció una expresión peculiar—. Me he sentado sobre algo... —dijo—... ¡sobre algo húmedo y pegajoso!

—¡Oh, querido amigo! —le dijo Paddington—. Creo que es el huevo que perdí. Debe de haber reaparecido.

—Nunca me habían insultado así en mi vida —dijo el señor Curry muy colorado—. ¡Nunca! —Se volvió al llegar a la puerta y apuntó con un dedo acusador a los presentes—. ¡Es la última vez que vengo a una de sus fiestas de cumpleaños!

—¡Henry! —exclamó la señora Brown cuando la puerta se cerró tras el señor Curry—. No debiste reírte.

El señor Brown trató de poner cara seria.

—¡Es inútil! —exclamó, echándose a reír—. ¡No puedo evitarlo!

—¿Vieron la cara que puso cuando las piezas del reloj echaron a rodar? —preguntó el señor Gruber, a quien se le habían saltado las lágrimas de risa.

—De todos modos —dijo el señor Brown cuando acabaron las risas—, creo que la próxima vez deberías probar con algo menos peligroso, Paddington.

—¿Y qué hay del truco de las cartas del que usted me habló, señor Brown? —preguntó el señor Gruber—. Aquel en el que usted rompe un naipe y luego lo hace salir de la oreja de alguien.

—Sí, ése parece un truco tranquilo —comentó la señora Brown—. Veámoslo.

—¿No les gustaría otro truco de desaparición? —preguntó Paddington, esperanzado.

—Pues claro, cariño —respondió la señora Brown.

—Bueno —dijo Paddington, rebuscando en su caja—. No es muy fácil hacer juegos de manos con cartas cuando sólo se tienen patas; pero no me importa intentarlo.

Ofreció una baraja al señor Gruber, quien solemnemente tomó una carta del medio y la memorizó antes de volver a ponerla en su lugar. Paddington agitó su varita sobre la baraja varias veces y luego retiró una carta. Enseñó el siete de espadas.

—¿Era ésta? —preguntó al señor Gruber.

El señor Gruber se limpió las gafas y miró fijamente.

—Creo que sí —contestó.

—Apuesto a que todas las cartas eran iguales —susurró el señor Brown a su esposa.

—¡Chiiist! —replicó la señora Brown—. Creo que lo ha hecho muy bien.

—Ésta es la parte difícil —anunció Paddington mientras rompía el naipe—. No estoy muy seguro de esta parte.

Puso los pedacitos debajo del pañuelo y los golpeó varias veces con la varita mágica.

—¡Oh! —exclamó el señor Gruber, frotándose un lado de la cabeza—. Noto que me está saliendo algo de la oreja. Algo frío y duro. —Se palpó la oreja—. Pero si creo... —Mostró un objeto brillante y redondo al público—. ¡Es un soberano! ¡Mi regalo de cumpleaños a Paddington! Es sorprendente...

—¡Ooooh! —exclamó Paddington, al examinarlo con orgullo—. No esperaba esto. Muchísimas gracias, señor Gruber.

—Bueno —dijo el señor Gruber—, me temo que es un regalo insignificante, señor Brown. Pero he disfrutado mucho con las charlas que sostenemos por las mañanas. Me gustan mucho y... —se aclaró la garganta y miró a su alrededor— y supongo que todos le deseamos que celebre muchos cumpleaños más.

Cuando el coro de aprobación cesó, el señor Brown se levantó y miró el reloj.

—Y ahora —dijo—, ya hace rato que dio la hora de irse a la cama, al menos para la mayoría, Paddington, así que sugiero que todos hagamos ahora el truco de la desaparición.

—Me gustaría —dijo Paddington mientras estaba en la puerta

diciendo adiós a todos con un gesto de la pata—, me gustaría que mi tía Lucy pudiera verme ahora. Se sentiría muy contenta.

—Tienes que escribirle y contárselo todo —le dijo la señora Brown mientras lo tomaba por la pata—, pero por la mañana —añadió apresuradamente—. Te han puesto sábanas limpias, recuerda.

—Sí —asintió Paddington—. Por la mañana. Espero que esta vez no mancharé las sábanas de tinta. Siempre me pasan cosas.

—¿Sabes una cosa, Henry? —dijo la señora Brown mientras miraba a Paddington, que subía la escalera para dirigirse a la cama, con el pelo pegajoso y aspecto soñoliento—. Es muy bonito eso de tener un oso en casa.

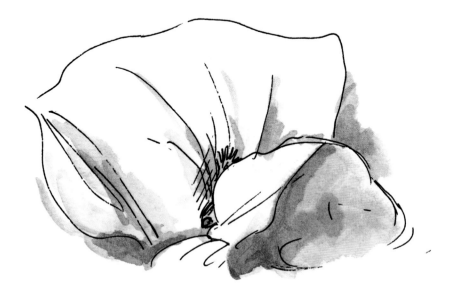